古式ムエタイ見聞録

伊藤 武
ito takeshi

新泉社

古式ムエタイ見聞録◉目次

本文イラスト 伊藤 武

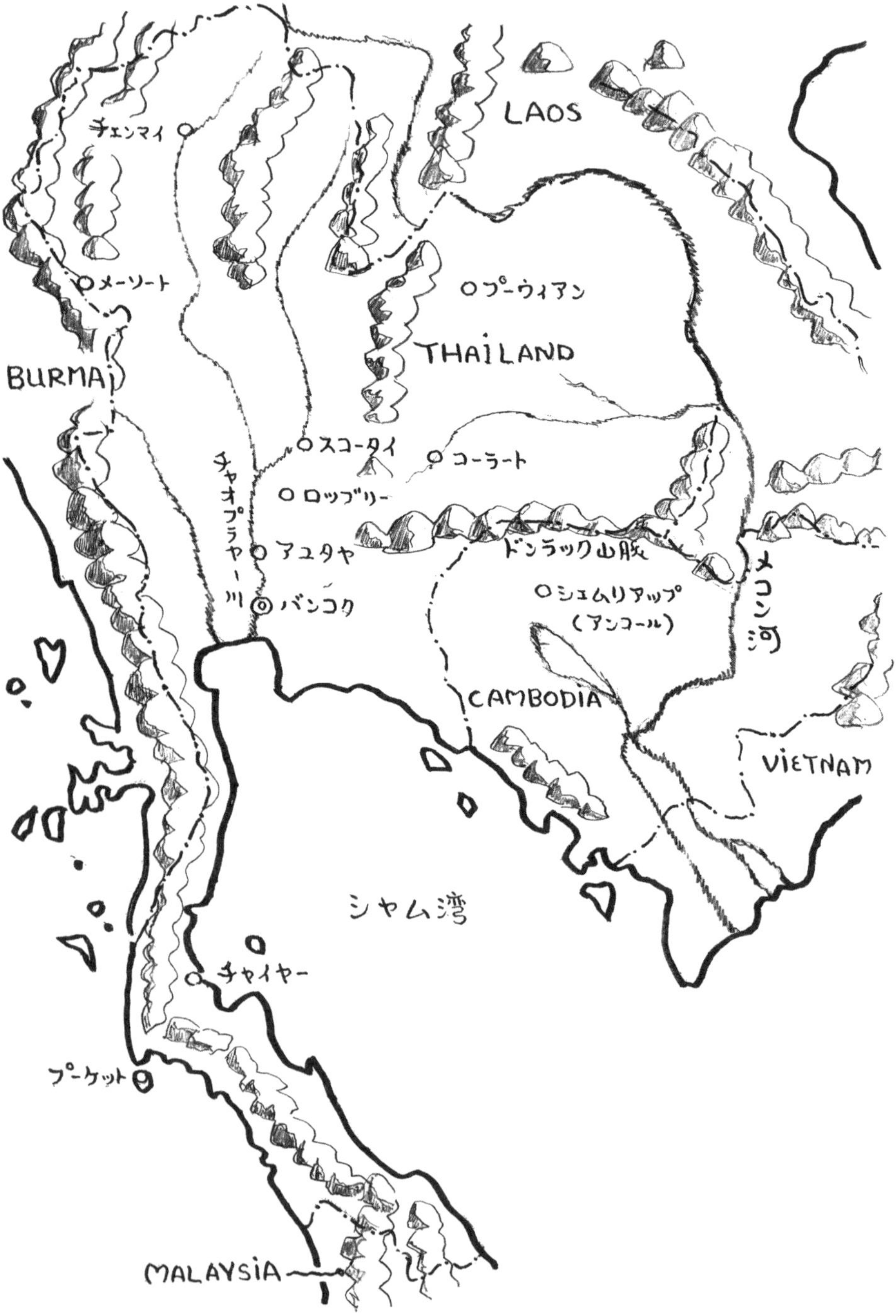
LAOS
チェンマイ
メーソート
プーウィアン
THAILAND
BURMA
スコータイ
コーラート
ロッブリー
チャオプラヤー川
アユタヤ
ドンラック山脈
バンコク
シェムリアップ
（アンコール）
メコン河
CAMBODIA
VIETNAM
シャム湾
チャイヤー
プーケット
MALAYSIA

1 巨象との闘争 パジョン・チャーン・サーン

「キェイ！」

寺院の境内に、裂帛《れっぱく》の気合がとどろく。

トニー・ジャー演じる主人公ティンが、呪文のような言葉を唱えながら、全身を鞭のように使って、宙に舞い、地を這いながら、古式ムエタイの型を演じていく……。


（タイ映画『マッハ!!!!!!!!』より）

❖ムエタイの来た道

筆者は武術好きの、もの書きである。

一九七九年から八〇年代にかけて、つまり二十代のほとんどを、いまでいうバックパッカーとしてアジア各地を放浪することで過ごしてきた。インドのカラリパヤットやタイのシャム拳法ほか、多くの古武術の道場にしばし身を寄せたこともある（ちなみに「シャム」とは現在のタイの旧名である。以下、文脈に応じてタイとシャムが混在するが読者諸賢においては諒とされたい）。

おかげで、武術誌からアジアの伝統武術を紹介する連載をいただいた（本書はその「古式ムエタイ編」を一冊にまとめたものである）。まずは序文を兼ねて、

——ムエタイは、どこから来たのか？
そんな話から始めたい。

❖『ラーマキエン』の魔法のことば

タイに古い記録はない。あるのは伝説だ。この国の公式文書の多くが、ビルマ（現ミャンマー）との戦争（一七六七年）のさいに焼失したからだ。ムエタイも曖昧模糊《あいまいもこ》たる伝説から発生した。そしてもうひとつ、『ラーマキエン』からも。これはインド叙事詩『ラーマーヤナ』のタイ語版である。

ヴィシュヌ、宇宙の維持をつかさどる神。
そのヴィシュヌが、コーサラ国の王子ラーマとして生を受ける。
しかし、ラーマは王位継承の陰謀にまきこまれて、
妻のシーターとともに森の奥に追放される。
シーターは、ランカー（スリランカ）の魔王ラーヴァナにさらわれる。
ラーマは、ハヌマーンを将軍とする猿の大軍を味方にひきつれて、
ランカーに攻め入り、魔王と熾烈な戦いをくりひろげる。
そして、魔王を殪《たお》してシーターを救け出す。
ラーマはコーサラ国の都アヨーディヤーに凱旋《がいせん》し、
王位について、王国に平和と繁栄をもたらす。

この物語は、タイの人びとの血肉に溶けている。バンコクで観光客が目にする古典舞踊は、すべて『ラーマキ

エン』といってよい。ムエタイも例外ではない。

たとえば、映画『マッハ!!!!!!!!』のワンシーン。主人公が、なにやら唱えながら、型らしきものを演武する。

彼はなんと云っているのか？

以下は、筆者がタイ語の辞書をくりながら、訳したものである（［ ］内は補足）。

戦士の護符、尾をうち振る鰐
巨象（エラワン）と闘う［猿神ハヌマーン］
ハヌマーンは指環を［シーター姫に］捧ぐ
馬は跳ね、鹿はふりむき、その身に勇気満ちゆく
ヘラ龍の貌《かお》をうがち、両軍戦士入り乱れ、雄象は興奮す
［ハヌマーンは］かの象の牙を砕き、鉤《かぎ》をもって魚を釣る
鹿は首をまわして［角で割き］、天神《ラーマスーン》は頭頂に雷《いかずち》を撃つ
波は岸辺に寄せ、鯉は切株に隠る
夜叉は猿（ハヌマーン）を捕えんとし、
［ハヌマーンは］魔象エラワンの首を折る
蛇が蜥蜴《とかげ》を逐《お》う
光が射し、モントー妃は膝にすわる
槍を突き、勁《つよ》き風の剣を断ち、軍兵を鎮める

神秘的な戦争詩のようだ。

図 1-1　シャム拳法（シアム・パフユッ SIAM PAHU YUTH）の技の一例

①**戦士の護符**：背後からつかみかかる敵に対するバック・エルボーのワンツー。
②**尾をうち振る鰐**：敵パンチに対するバックスピン・キック。古式では、手を地に着けて、かかとをふり上げる。
③**巨象との闘争**：パンチとキックを同時に放つ。
④**指環を捧ぐハヌマーン**：敵のパンチをダッキングしてかわし、両手でアッパーカット。
⑤**跳ねる馬**：前蹴り。古式では、遠間から放つ前蹴りは、まわし蹴り以上に重視されている。
⑥**ふりむく鹿**：バックスピン・キック。前の「跳ねる馬」の後につづけて使用されることが多い。
⑦**身に満ちる勇気**：遠間から飛び込んでのスウィング・パンチ。両手同時にスウィングするやりかたもある。
⑧**ヘラ龍の貌の刺突**：フックと膝蹴りを同時に放つ。これを修得してから「巨象との闘争」に進むとよい。
⑨**入り乱れる戦士**：肘を水平にふり、もう一方の肘を縦に突き出す。攻撃よりも、防御のための技。
⑩**興奮した雄象**：バック・エルボーの一種だが、肘は「象の鼻のように」垂直にふり下ろされる。
⑪**象牙砕き**：敵の蹴り足を腕で捕り、腿の急所や脚の付け根に肘を落として、脚そのものを破壊する。
⑫**魚を釣る鉤**：敵の脇への膝まわし蹴り。敵が身を寄せて攻撃してきたときの防御にも用いる。
⑬**首をまわす鹿**：敵に抱え込まれたときに用いる技。膝で敵のバランスを崩し、顔面に肘をふり入れる。
⑭**頭頂に雷を撃つ天神**：敵の両手を一方の手を用いて封じて跳躍。頭頂に肘を撃ち落とす。
⑮**岸辺に寄せる波**：パンチに対するカウンター技。身を回転させて敵との間をつぶし、ガードの開いた胸や脇に肘を突き入れる。
⑯**切株に隠れる鯉**：敵のパンチをサイドステップしてかわし、膝と同じ側の拳または肘を同時に突き入れる。
⑰**猿を捕る夜叉**：防御の基本。敵は突き、蹴り、肘のコンビネーションで攻撃。我はそれらを巧みに防御する。
⑱**魔象の首を折る**：敵の首を捕って膝蹴りにつなぐ。古式では、跳躍して頭頂に肘、顎に膝を入れるかたちもある。
⑲**蜥蜴を逐う蛇**：図ではわかりにくいが、左右の膝を交互に蹴り出す技で、今日のムエタイでもよく使用されている。
⑳**射光**：膝を垂直に突き上げる。ふつうは首相撲と併用。これも今日のムエタイで頻繁に使用されている。
㉑**膝にすわるモントー妃**：敵のまわし蹴りを、背を向け、跳躍することによってかわし、顔面に肘をふる。
㉒**槍突**：フロント・エルボー、すなわち肘を垂直に突き出す肘打ちの基本形。攻撃や防御に多用される。
㉓**勁き風剣の破壊**：拳と肘の連打。敵拳を手で払い、ストレート。歩を進めて肘。敵の腕を捕り、引くようにして肘を入れると効果的。
㉔**鎮められた軍兵**：膝と肘を同時に撃つ。「切株に隠れる鯉」に似るが、この場合の肘は下からふり上げる。

1. 巨象との闘争

①戦士の護符→　→　②尾をうち振る鰐　③巨象との闘争　④指環を捧ぐハヌマーン

⑤跳ねる馬　⑥ふりむく鹿　⑦身に満ちる勇気　⑧ヘラ龍の貌の刺突　⑨入り乱れる戦士

⑩興奮した雄象　⑪象牙砕き　⑫魚を釣る鉤　⑬首をまわす鹿　⑭頭頂に雷を撃つ天神

⑮岸辺に寄せる波　⑯切株に隠れる鯉　⑰猿を捕る夜叉→　→　→

⑱魔象の首を折る　⑲蜥蜴を逐う蛇　⑳射光　㉑膝にすわるモントー妃　㉒槍突

㉓勁き風剣の破壊→　→　㉔鎮められた軍兵

が、文のひとつひとつが『ラーマキエン』の場面場面を截《き》りとる、いわば小見出しになっている。エラワン、ハヌマーン、シーター、ラーマスーンは、『ラーマキエン』の登場人物である。

と同時に、これはシャム拳法の技名にもなっている。図1-1はそのフロー図である（アクションを強調した映画のそれとは異なる）。
①の〈戦士の護符〉（ヤン・ヨーティー）。これは背後から襲いかかる敵を肘で迎撃する技である。
②の〈尾をうち振る鰐〉（ジャラケー・ファード・ハーン）と⑥の〈ふりむく鹿〉（クワン・リエウ・ラン）は、後ろまわし蹴り。
④の〈指環を捧ぐハヌマーン〉（ハヌマーン・タワーイ・ウエーン）は、両手によるダブル・アッパーカット。同名のシーンは、『ラーマキエン』のハイライトのひとつだ。空を飛ぶことのできるハヌマーンはランカーにひとっ飛びして、魔王に囚われたシーター姫に会う。そして、おのれがラーマの友人であることを告げ、彼女を勇気づけるのだ。一幅の絵が目に浮かぶ。姫の前にひざまずき、ラーマの使者であることを証明する指環を、両手に捧げもつハヌマーン……。
とまれ、こうした名前のつけられた古典技法が、百ばかりある。

順序に、とくに決まりはない。道場ごとに弟子たちが覚えやすいように分類・編成されている。図1-1のような順に並べると、『ラーマキエン』のストーリーとあいまって、イメージしやすくなる。これらは対人稽古で身につけるが、一人稽古として連続して行うと、中国拳法の套路《とうろ》のようなものにもなる。

天《あま》かける神ハヌマーンにちなんだ技には、跳躍するものが多い。

たとえば、シーター姫に会うために〈ランカーに渡るハヌマーン〉（ハヌマーン・カーン・ロンカー）。対手《あいて》がキックする。その瞬間、宙に身を騰《おど》らせ、敵の蹴り脚を踏み台にして、顔面に膝を飛ばす。ここにはないが、映画でティンがひんぱんに見せた技のひとつである。また前述の「指環を捧ぐハヌマーン」にも、ダブル・アッパーカットに跳躍しての両膝蹴りを併せるかたちがある。

女性も活躍する。敵がまわし蹴りする。その蹴り脚に背を向け、ジャンプする。と、対手の膝にすわるようなかっこうになる。そのすがたから、顔面に肘鉄をお見舞いする——というのが㉑の〈膝にすわるモントー妃〉（ナーン・モントー・ヌアン・タク）。なおモントーは、魔王トサカン（インドではラーヴァナ）の妃である。

バリエーションに、「〈卓にすわるモントー妃〉（ナーン・モントー・ヌアン・タエン）がある。敵の蹴りや突きを身を百八十度ひるがえしてかわし、後ろに跳んで、敵の顔や胸に尻をぶつける。うまく決まれば、

「敵は仰向けに倒れ、頭を地面に打ちつけて失神するであろう」

と伝書にはあるが、美妃のお尻であれば、たしかにノックアウトされそうだ。

シャム拳法は、ラーマ神の化身を自認するラーマ王の宮廷で研究された。

国民に武道を奨励したラーマ五世（在位一八六八〜一九一〇年）は、この官製拳法をおさめた武人を全国の都市に派遣した。かれらは地方に根を下ろし、土地の者に拳法を教えた。それが土着の格闘技とミックスし、さまざまな流派が生まれていった。

そのうち、もっとも知られたものが、南部のムエチャイヤー（チャイヤー拳法）と東北地方のムエコーラート（コーラート拳法）である（図1-2）。

❖チャイヤー拳法vsコーラート拳法

「キエイ！」

学舎《まなびや》の庭に、裂帛の気合がとどろく。

鍛え上げられた拳士たちが、全身を鞭のように使って、宙に舞い、地を這いながら、熾烈な闘いをくり広げて

ゆく……。

一九二一年、ときの国王ラーマ六世が、拳法試合の定期興行を決定した。入場料を武器購入の資金に当てるためである。シャムもまきこまれた第一次大戦が終わってまだ間もないころ。世界は不穏な空気につつまれていた。

第一回目は、バンコクの王立薔薇苑《スアンクラーブ》カレッジのサッカー・グラウンドで行われた。シャム一の拳士を決めるトーナメントである。

決勝戦。グラウンドに石灰で線を引いただけの闘技場に進みでるは——

こなた、チャイヤー拳法のプロン・チャムノーントーン。

かなた、コーラート拳法のポーン・パーッサボーッ。

戦法も容姿もまったく対照的なふたりであった。

ポーンは二十二歳。鋼鉄《はがね》のような軀《からだ》をしている。得意のパンチと脛《すね》キックで、これまでKOの山を築いてきた。

対するプロンは、鞠《まり》をおもわせる体をしている。チャイヤー拳法は肘、膝を主とする流派であるが、プロンはそれとはべつの武器で対手を倒してきた。

そして彼はこのとき、なんと五十歳！　前王ラーマ五世にその技倆を愛され、平民から貴族に列せられていた。いわば人間国宝である。しかも彼は若いころ、五世の御前でポーンの父親を二分でやぶっている。

因縁試合だったわけだ。しかし——

アグレッシブなファイトを常とする若者が動かない。いや、動けないのだ。

ポーンは、流派の構えであるほとんど棒立ちの前傾姿勢で立ちながら、じりじりと間をつめてはいく。が、あるところまで来ると、ぱっと後ろに跳びすさった。まるで、目に見えぬバリヤーに弾かれたように。

ぎゃくに拳卿《けんきょう》（ムエン・ムエ）プロンは、やわらかく腰を落とした構えで、じわじわと圧《お》してくる。

ポーンの拳がブンとうなりを上げる。拳卿はそれをかわして腕を捕るや、巻きこむように身を寄せる。そして

図 1-2　チャイヤー拳法とコーラート拳法

当時の選手は、上半身裸に木綿のパンツをはき、お守りの鉢巻（モンコン）と腕輪（パーチエッ）をつけ、拳に木綿の紐（チューア）を巻いて戦った。ルールは「なんでもあり」。股間攻撃もＯＫだから、金的に椰子殻や樹皮でつくったカップをかぶせ、その上に小さなクッションをあてがい、越中フンドシのような下帯を締めて固定した。
●チャイヤー拳法（左）：マレー半島のチャイヤー地方に起こった流派。腰を落とし、半身に構える。蹴りや突きは振りきらない。太極拳の撃ちかたに似ている。
●コーラート拳法（右）：東北のイサーン地方で発達した流派。体重の大部分を前足に乗せ、腹や胸を正面に向け、ほとんど棒立ちになって構える。この流派では、蹴りも突きも振りきる。現在のムエタイのまわし蹴りでは、空振りするとくるりと一回転するが、これはコーラート式の蹴りである。こんにちもイサーン地方は、多くの名選手を輩出することで有名。

若者に腰をぶつけ、上体をひねった。魔王がシーター姫を拉致する場面にちなんだ〈乙女をさらう夜叉〉（クン・ヤッ・パー・ナーン）という技だ。日本でいう一本背負いのようなかたちになる。若者の体は宙を舞って、地面にたたきつけられた。

（いや……だめだ）と、ポーンは心中で首をふっていた。

（どう攻めても、投げられてしまう）

心と心の戦いであった。ふたりは思念の拳をすでに幾度も交えていた。校庭を埋めつくす観衆も、それを察してか、固唾《かたず》を呑んで静まりかえっている。

指が自由に使えるから、投げ技や関節技もある。

そして、拳卿プロンがこの年齢《とし》になるまで第一線で戦えたのも、自分からは仕掛けず、対手の攻撃の力を何倍にもして撥《は》ねかえすこれらの技にすぐれていたからであった。

彼の心中はしんと冴えわたっていた。地面のわずかな凸凹が手に取るようにわかった。土が微細な石を噛んでいた。それがなぜか気に触った。

「！」

その瞬間に生じたわずかな思念のほころびを、若者は見逃さなかった。黒い鞭のように、右脚が拳卿の胴をめがけて疾った。

プロンは、右足を一歩踏みこみ、上体を左にひねり、右掌で蹴り脚の膝の上を押す。と、蹴りは無力化してしまう。その脚を左腕でからめとってしまう。

捕った脚の腿の急所に肘を打ちおとすと、脚を破壊することができる。〈象牙砕き〉（ハッ・ングワン・アイヤラー）という技である（図1−1の⑪）。膝は砕け、ポーンは生涯足を引きずって歩くことになろう。

が、プロンはそんな酷なことはしない。捕った脚を肩にかつぐように持ち上げてやるだけでいいのだ。それだけで対手の体は後方に投げ出され、後頭部を地面に打ちつけてしまう。ポーンの父をやぶったのが、この技であった。

そのかたちは、これまでもう何万回とくり返してきたものだ。拳卿の体が考えるより早く動いた。しかし、若者の軀はもっと迅く動いた。ガードの開いたプロンのこめかみに、左拳のスウィングをめり込ませていた。

蹴りと反対側の手のパンチを同時に出す。〈巨象との闘争〉（パジョン・チャーン・サーン）である（図1−1の③）。蹴りにも拳にも同時に力をこめることなど、ほとんど不可能といってよい。体の使いかたが違うのだ。しかし、父のあだを討つにはこれしかない。彼もまた、いつか拳卿プロンと仕合《しあ》うときのことを念《おも》い、何十万回と稽古し、ようやくコツを会得した。そして、使うタイミングをずっと計っていたのだ。

拳卿は、それこそ巨象のようにくずおれた。

若者は地に臥《ふ》した老雄の前にひざまずき、頭《こうべ》をふかく垂れて合掌した。観衆の興奮が瞬時に沸騰した。なだれを打ったように闘技場に殺到し、けが人も出た。

そのため、第二回目以降の拳法試合では、リングが用いられることとなった。しかし、〝ムエカッチューア〟の「なんでもあり」ルールであったため、命を落とす拳士が続出した。

一九二九年、政府はグラブの着用を義務づけるようになる。ルールはその後、国際式ボクシングを参考にして、少しずつ整えられていく。手指が使えなくなったことにともない、投げや関節技は早くに廃されるが、頭突きはかなり後まで残った。

一九三九年、シャムは国号をタイに改称。シャムの拳法は、〝ムエタイ〟（タイのボクシング）とよばれることになる。

2 戦士の護符 ヤン・ヨーティー

❖チャイ・ナーム、チャイ・ナーム（水の心、水の心）

対手《あいて》は、プッツン切れたような目をして迫ってくる。その顔をブンなぐる。ブンなぐってもブンなぐっても、ブンなぐり返してくる。息の根を止めてしまわないかぎり、なぐり返してくる。粘《ねば》い精液のようなパンチ。十代後半にさしかかった若者の、放っても放っても噴きあげてくる性欲《リビドー》のようなパンチだ――。

オレはボクシングをしている。といっても高校のクラブ活動だ。アマチュアのジュニア（十八歳以下）だから、試合は三ラウンドで、一ラウンドは二分。合計しても六分だ。そのたった六分が、未来永劫にわたって続けられるという地獄の責め苦のように長い。

高校生のボクシング初心者同士には、プロボクサーのような華《はな》はない。研ぎ澄まされた技術も、切れるパンチもない。

あるといえば、体のどこを切ってもザーメンがほとばしる年齢《とし》ごろ独特の、行き場のない冥《くら》い情熱だけだ。そして、ルールに守られているとはいえ、実際になぐり合うことに恐怖感の伴われないはずがない。いわば、キレてしまうのだ。

くわえて、動きを止めて対手の出方を見ていると戦意喪失とみなされるから、絶えずパンチを振るっていなければならない。スタミナ配分なんか毛頭ない。

試合場も闇《くら》い。会場に当てられた田舎の高校の、シロアリが巣くっていそうな薄汚ない木造の体育館だ。女の子の姿も、応援団もない。そもそも声援すらない。アマチュア・ボクシングでは、試合中セコンドが声を出してはいけないのだ。

静まりかえった会場に、オレとヤツが粘いパンチをこびりつかせ合う鈍い音だけが響いている。

あれだけ練習したジャブが出ない。ワンツーも出ない。

十二オンス（約三百四十グラム）のグラブがとてつもなく重たい。

技術もなにもない。ノーガードでどつき合う。漫画で描けば、肩を軸に両腕を風車のように振りまわしているような絵になろう。

鼻血が噴き出す。互《たが》いに対手の返り血で体を染め合う。

顔面にパンチをもらうと、頭が百八十度ねじれ、首が千切れそうになる。

ボディにパンチをもらう。腸が頭を潰された蛇のようにのたうちまわる……。

わたしは便意をおぼえ、あわててベッドから飛び起きた。窓から朝の光が洩れている。

ああ、ここはバンコクのムエタイ・ジムであった。昨日、一昨日の練習で全身が重くこわばっている。そのせいか、むかしのことを夢見ていたのだ。壁にピンナップされた裸の少女が無邪気な笑みを投げかけている。

尻を押さえるようにして、ホーンナーム（水小屋）に走った。

わたしが入ると、先住者のヤモリがケケッと啼いた。水小屋とはトイレ兼バスルームのことだ。半畳くらいの空間に、全手動式ウォシュレットとシャワーがしつらえてある。桶に水を汲んで、その水で左手を使って尻を洗うと、今度はその水を便器にぶちまけて汚物を流し去る。当然、水小屋は水浸しになる。

「チャイ・ナーム、チャイ・ナーム（水の心、水の心ね）」

練習生を叱咤するモーさんの声が水小屋にまで届いてくる。

❖痛みを感じているヒマがない？

日差しをさえぎる屋根があるだけの熱帯の光にあふれた明るい建物のなか、十人に満たぬ門下生が稽古に汗を流している。マス・ボクシング（約束組手）をしている二人に、

「蛇じゃ、蛇になるんじゃ、蛇のように動いて、蛇のように撃て。体をリラックスして、ゆっくりと蛇のように身をくねらせ、すばやく撃て。そしてまた蛇の動きに戻る」

と、トレーナーのモーさんが声をかける。七十すぎの元気な爺さまだ。

ステテコをはいただけの裸の上半身には、怪奇な神々の姿や呪文が青黒い線でびっしりと刻まれている。意外と張りのある両の二の腕には、古代クメール文字の el、svah、sor という音節の可能なかぎりの組み合わせが魔法陣にして刺してある。彼によると、この刺青《いれずみ》は戦士に、『ラーマキエン』の猿神ハヌマーンの俊敏さと何人《なんぴと》にも冒されることのない強さを与えるのだという。

かような上腕に刺した神秘的な図形は「戦士の護符」と称され、これを閃《ひらめ》かせるようにして両肘を背後に振る技も、古式のシャム拳法では同じ名で呼ばれている（図2−1）。もっとも、わたしが古式について知るのはこの後のことであるが。

一九六〇～七〇年代は、ムエタイの大きな転換期であった。シャム拳法にかかわった者たちが寿命をまっとうする時期にあたるからである。

一九二九年、シャム政府が拳法試合のおりグラブの着用を義務づけたことは前に述べた。国号がシャムからタ

図 2-1　戦士の護符 Yan Yothee

「〈戦士の護符〉は背後からつかみかかる敵に用いる。まず左／右の肘で後ろの敵を撃ち、ついで逆の肘で腹や脇に追い打ちをかけよ。敵が（この技を）撃ちしときは、両手を上げ、両肘で胸と腹を、両拳で首を保護すべし。また、右／左の足で対手の脚を蹴り、バランスを崩すもよし。」（ラーマ6世時代の拳法テキスト『ノー・ウォンタヌーの指南書』より）
なお、“ヤン”は梵語の Yantra（神秘的な図形／護符）に由来する語だが、この場合は上腕につける「お守り」をいう。そして古式でこの語がつく場合は肘撃ちをさすものと考えていい。たとえば、ボクシングのフックのダブルのように、同じ肘で脇と顎を二段打ちする技は「閃く護符」（ヤン・パウヤウ）と呼ばれる。

イに換わる一九三九年前後に〝ムエタイ〟という呼び名も一般化したようである。投げや関節技を禁じ、体重制やラウンド制などを定めた現行の競技ルールがほぼ完成したのは一九五五年。そしてこんにち、ムエタイは傑出した格闘技のひとつとして、世界に広く知られるようになった。

遠間《とおま》からは鞭のような蹴り。近間《ちかま》になると拳が飛ぶ。接近戦にもつれ込むと、対手を首相撲にひきずり込み、膝に肘。両選手は、高度な技術で、攻めあい防ぎあう。敵の攻撃を左右に身をひらいて避け、立てた腕や足を盾とし、一瞬の隙を看てとるや、次の瞬間には対手をマットに沈めてしまう。

が、シャム拳法に別してムエタイがあったわけではない。こぶしを木綿の紐で包み「なんでもあり」で闘ってきた拳士たちが、こんどは先生となって後継者をそだてる番になった。彼らが教えるのはあくまでシャム拳法であり、ムエタイというルールのなかで闘う術である（図2－2）。

これは、こんにちのタイのジムで、ムエタイと同時に国際式ボクシングの指導をしている情況とよく似ている。彼らにとって、両のこぶしだけで闘う国際式はムエタイの一部なのだ。

しかし、世代交代の進んだ今、武術としてのシャム拳法は忘れ去られ、ルールに適応した格闘スポーツとしてのムエタイが残ったともいえる。もっともそのルール自体、他の格闘スポーツにくらべると、ひどくアバウトなものではあるが。

ズバーン、ズバババーン、と速射砲のようにくり出されるムエタイ独特の蹴り。サンドバッグは斜め上に浮き上がったままになっている。蹴りの主はこのジムの門弟筆頭のサリーム。二十歳《はたち》をすこし越えたぐらいの若者で、まだ前座クラスだがルンピニー・スタジアムで三戦して負けなしの、将来を嘱望されている選手だ。

しかし彼はクメール（カンボジア）人である。隣国のカンボジアにも〝バダイセレイ〟という固有の拳法とプロ試合があったという。が、数年前（一九七五年）に政権を握ったポル・ポトは、芸能人や有識者の粛清《しゅくせい》にくわえて、拳士の皆殺しにかかった。当時、かけ出しの選手だったサリームは、命からがらタイに逃れてきたのだ。

その隣でサンドバッグに脛《すね》を食いこませている最年少の少年は、イサーン（東北タイ）の貧農の三男坊だ。義務教育の小学校を卒業すると同時に、口減らしのためにこのジムに放りこまれた、と聞いた。

門下生は日に午前と午後の二度、練習をする。ほかに仕事はしない。稽古三昧《けいこざんまい》の日々だ。

ムエタイの強さは、ひとつにこの豊富な稽古量に起因するといってよい。かれらの衣食住の面倒は、すべてジム側が無料で見る。

練習生が選手として試合に出るようになると、ファイトマネーの半分をジム側が受け取る。ファイトマネーは

図 2-2　ムエタイ黎明期の構え

こんにちのムエタイでは、体を正面に向け、立ち腰になって後足に体重をかけ、両手を顔の横に置いた構えが一般的だ。しかし、1930 ～ 40 年代のムエタイ黎明期の写真を見ると、選手の構えがじつにバラエティーに富んでいたことがわかる。これらは古式の構えに由来するものだ。前章で、チャイヤー拳法とコーラート拳法を見たが、その他の主要な流派の構えとその戦法も紹介しよう。（順不同）

アユタヤ拳法
（ムエアユタヤ）

バンコク拳法
（ムエパークラン）

ロッブリー拳法
（ムエロッブリー）

●**ムエアユタヤ（アユタヤ拳法）**：左肩を上げて顎に近づけ、顔面をガードする。二つの武器を同時に用いて、他派の攻撃に対しカウンターを奪った。チャイヤー拳法に対するもっとも一般的なカウンターのひとつは、左まわし蹴りと短くふりおろす右クロス。

●**ムエパークラン（バンコク拳法）**：歩幅はそれほど広くとらず、両腕は同じ高さに低めに構える。西洋のボクシングの影響を受けている。

●**ムエロッブリー（ロッブリー拳法）**：古式のなかでは最も古く、アユタヤ時代（17 世紀）にまで遡るとされる。足も腕も大きく開いて立つ。この流派のもっとも危険な技は、のどぼとけへのアッパーカットと目への貫手。

●**ムエマーヤーン**（馬歩拳法）：南タイに興った流派。“マーヤーン”は「馬の歩み」の意だが、中国拳法の馬歩とは何の関係もない。この流派では、片足を揚げ、同じ側の手を腿に近づけ、もう一方の手を顔の前に置いて構える。創始者のタンキー師の戦闘スタイルは残忍なことで知られ、人物の評判も芳しいものではなかった。彼とチャイヤー拳法のノーリーが対戦したときのこと。前者の飛び蹴りが後者の額に命中し、ノーリーの眼球が飛び出した。チャイヤー拳士は眼を失ったまま闘いをつづけたが、やがて出血多量で落命した。

千〜二十万バーツ。日本円にして、一万〜二百万くらいだ（一九七九年当時）。が、それが五千バーツ未満のファイトであれば、試合からは何の利益もあがらない。チャンピオンやランカーを何人もそろえることができなければ、ジム経営は儲かるものではない。

そのため、安宿を兼業しているジムもあった。客がくれば、個室を占領している者が追い出されることになるが。泊まり客も、エクストラ料金を払えば、ムエタイの指導をしてもらえる。

久しぶりにサンドバッグを打ちたくなって、わたしもこの二、三日、練習に参加した。

「尻《けつ》じゃ、蹴りは尻で撃つんじゃ、ナーン（おなご）のように尻を振って！」

と、モーさん。尻を対手にぶつけるようなつもりで蹴れ、ということであろう。そして、

「水の心、水の心」

とも付けくわえる。

ムエタイをやってみようと思ったのは、いまひとつ、ぜひとも知っておきたいことがあったからだ。日本人にとっては信じがたいタイのボクサーの体の秘密である。

ボクシングをやっていた、というと、ボカスカなぐられて痛くはないのか、とよく訊かれる。

——痛みを感じているヒマがない。

というのが答えだ。

試合中は、ものすごいストレスに曝《さら》されている。副腎からは怒りと闘争のホルモン・アドレナリンが分泌されて、意《こころ》は対手を打ちのめすことだけに収斂される。全身真っ赤に焼いた鉄のように発熱し、痛みを感じない。

苦しいのは試合が終わってからだ。顔がカボチャみたいに腫れあがる。そんなのはいい。鏡を見なければ気にならないことだ。

それより、神経がささくれ、イライラした興奮に、身も心もチクチクと噛みつかれるのが辛い。アドレナリンの燃え残りが、ブスブスとくすぶっているのだ。それにじっと耐えなければならない。そんなことが一週間ほど続く。そのためボクサーは、試合後一週間ほどは練習もせずにおとなしくしている。これはプロもアマも同じだ。

しかし、タイのボクサーは、国際式でもムエタイでもそうだが、ものすごいペースで試合をやる。日本のボクサーやキックボクサーは多い人で三ヵ月に一回くらい。が、タイ人は一ヵ月に一回とか一週間に一回でも平気。試合数も二百、三百と信じられない数を平気でこなす。

スタミナ云々《うんぬん》とは別の問題である。ふつうなら神経がイカれてしまう。なにか秘密があるはずなのだ。

❖アーユルヴェーダとの接点

「今日は（練習は）いいのかね？」

わたしを認めたモーさんが訊く。

「ここの具合が悪くて」

と、手で腹を押さえてみせた。とたんにそこが、またゴロゴロとうめき出す。熱帯アジアの旅は下痢との闘いだ。あわてて水小屋に走った。

わたしが戻ると、モーさんはおもむろにワイクーを舞いはじめた。ムエタイの選手が試合前におどるダンスである。そして、後足を大きく後ろに引いた奇妙な構えで立ち、いきなり鋭いまわし蹴り。あやうくスウェイバックした眼前を、彼の足先がブ〜ンとプロペラみたいな風圧を残して通りすぎていく。わたしはバランスを崩して尻餅をついた。

「ヒヒヒ、腰がふらついちょるな」

「えっ？」

「上半身と下半身がバラバラ、ということじゃよ。水の心、水の心」

「？」

「体が柔軟でも、体を柔らかく使うことはなかなかできん。いくら練習しても、いざ試合になるとむやみに体に力を入れて、ガチガチの動きになるもんじゃ。が、これじゃ、ろくな蹴りも出ん。儂《わし》らの体を、骨と肉じゃなくて、水嚢《みずぶくろ》と想うんじゃ。体の中に水が流れている。こう想えば、コンビネーションも流れるように出る。蹴るときは足先から水がほとばしる――」

ムエタイ選手は、あの鞭のようにしなる蹴りをイメージ・トレーニングで身につける。たしかに大部分が水分といわれる人間の体。女のように尻を振り、蹴りが当たる瞬間、体中の水が足先に集まってほとばしるようにイメージすると爆発的な破壊力が生まれる、という。

「だがな、その水が沸騰してきよる。試合中はそれでいいが、後になるとそれが毒になる。だから試合が終わったら、下剤を飲んでクソをして、速やかに毒を出してしまうことが肝心なのじゃ」

たっぷり水を飲んで下剤も飲む。腹がピーヒャラして便意が来る。はじめは便だが、後は完全に水だ。便意は四、五回波状的に来る。尻の穴からジャーッと、水道の蛇口を開きっぱなしにしたみたいに水がほとばしる。一回出すたびに、薄皮を剝ぐように回復していく。そうして毒を全部洗い流してしまう。だからタイの選手にはダメージが残らない。腫れもすぐに引いてしまう。

「おまえさん、下痢病みのようだが、下痢も毒を出す自浄作用じゃ。全部出せばおさまる。これを飲んでみぃ。〝ラドンポン〟といって、タイのボクサーがシャムの昔から飲んできた薬じゃ」

そういって老トレーナーは、ビール瓶に入った煎じ薬をくれた。

部屋に戻ってしみじみと眺めてみた。真っ黒で怪しげな液体だ。思いきって飲んでみた。顔が歪んでしまうほどに苦い。

すぐに来た。それから翌朝まで一睡もできず、ベッドと水小屋を往復する。

が、出しきってしまうと、体が羽のように軽い。同時に、昨日までの暑苦しさが嘘のようなさわやかさと、腹に芯が通ったような安定感がある。（後にこの方法が、インド医学のアーユルヴェーダに由来することを知った。ストレスには下剤をもって対処する。アーユルヴェーダのいろはのいなのだ。）

瓶には、手描きのラベルが貼られていた。神秘的な図形——モーさんの「戦士の護符」である。

3 三歩制圧 ヤーン・サーム・クム

❖ムエタイの神話

「ワイクーじゃよ、ワイクー」（図3-1）

とモーさん。タイ・バンコクの安宿兼ムエタイ・ジムの老トレーナーだ。彼から、ムエタイ選手の驚異のスタミナの秘密が伝統薬〝ラドンポン〟にある、と教わったことは前述した。その彼が、

「ムエタイの強さの秘密は、第一にワイクーにある」

と断言するのだ。

「ワイクーって、選手が試合の前におどるダンスのことでしょ。ダンスをしたら、強くなれるんですか？」と、わたしは訊いた。

「外国人にはわからぬかもしれんがな、ワイクーはシャム、いやタイの文化の核心なんじゃ。もっともタイ人でも、ワイクーの真価を知る者はいまや少ない。〝パフユッ〟といまのムエタイでは、戦いかたもずいぶんと違《ちご》うてしまった。ムエタイが博奕《ばくち》の対象になって、武道の精神が失われたからじゃ」

老人は、おおげさに嘆いてみせた。

「パフユッ、って何ですか？」

聞きおぼえのある言葉だと思った。モーさんはわたしのしめしたノートに、タイの音符のような文字でその語

図 3-1　ワイクー Wai-khruu

ワイクーとは「拝師」の意だが、本文に記したほかにも、さまざまなニュアンスが込められている。たとえば、対戦対手の流派を確認する。踊りの所作にも流儀がある。同じ踊りの型でも流派ごとに微妙に異なる。2人の戦士が同じ所作で舞ったとする。ならば両者は同門ということになり、対戦は中止される。

また、かつて野外で試合が行われていたときは、地面の状態を点検するためにも、これが為された。堅いか、柔らかいか？　乾いているか、濡れているか？　それによって、戦法は違ってくる。石があれば、踏めば不覚をとるし、対手を投げ落とせば致命傷を与えることになる。

をしたため、

「シャム拳法のことじゃ。むかしはムエタイなんて言葉もなかったからな。が、いまのムエタイがパフユッから生まれたことは間違いない。そして、ムエタイが受け継いだパフユッ最大の遺産が、ワイクーなんじゃよ。ワイクーとは『師を礼拝する』ということじゃ。ワイクーを舞うとき、拳士は師に祈る。師の師の師の師……とさかのぼり、最初の師に礼拝し、その霊と一体化する」

「最初の師、っていうのは……？」

と問いを重ねる。合掌した老トレーナーの口から、おごそかな声がもれた。

「プララーム（聖なるラーマ）」

「！」

これはわたしも知っている。この国でこの名とよばれる者は一人しかいない。インド叙事詩『ラーマーヤナ』、そしてそのタイ語版『ラーマキエン』の主人公ラーマである。ならば、ムエタイのルーツは……。

「ふむ、昔むかし、タターワンという強い強い悪魔がおった。タターワンは世界を支配し、神々、人間、動物、竜（ナーガ）をむさぼり喰《くら》った。そこで宇宙の秩序を維持する神ナライ（ヴィシュヌ神）の化身プララームが、タターワン退治に向かったのじゃ」

老人は、ムエタイの起源にまつわる神話を語りはじめた。


ラーマは若くてハンサムなバラモン僧に扮し、タターワンに接近した。

「このバカが。おれさまに喰われるために、のこのこ来やがって！」

タターワンの雷のような声が轟《とどろ》いた。

ラーマは恐れおののくふりをし、震える声で応えた。

「お、お主《しゅう》さま、わたしはお主さまの国をもっともっと繁栄させるためのバラモンの儀式を行いたいと思っているのであります。それにはまず、三歩で歩ける範囲の土地をいただかなくてはなりませぬ。しかし儀式が終われば、喜んで、お主さまに食われましょう。わたしは、バラモン僧としての任務を遂行できるのであれば、死を恐れませぬ」

「ワッハッハッハ、儀式をやりたければやるがいい。おまえが望む以上の土地をくれてやってもいいぞ」

「お主さまは土地をくださったのち、わたしからそれを取りあげるおつもりですか？」

「おれさまは一度口にしたことを撤回することはない」

タターワンの誓いの言葉を聞くやいなや、ラーマはたちまちヴィシュヌ神としての巨大な姿をとりもどし、たった二歩で世界を横断した。

タターワンは信じられぬ光景に絶叫した。あのひ弱そうなバラモンの若僧が、宇宙神ヴィシュヌであるとようやく悟ったのだ。彼は逃げようとした。が、滅びの運命から逃れることはできぬ。

ラーマは高く上げた三歩目の足で、タターワンをゴキブリのように踏み潰した。

「ムエタイではフットワークのことを『ヤーン・サーム・クム』、すなわち『三歩で制圧する』というてな、このときのプララームの歩みがもとになっておる」

モーさんは両拳を顔の前に構え、継ぎ脚、つまり前足を進め、後ろの足を引きつけるという歩法で、ツツーと二歩前進してみせる。摺り足だ。三歩目は後足。膝を前方に突き上げ、同じ側の手をその膝に添える。そして任意の場所にその足を、どん、と踏み下ろす。

「ワイクーも、正式には『ワイ・クー・ラーム・ムエ』(拳法の開祖ラーマへの礼拝)という。パフユッの技も、プララームとその盟友ハヌマーンのもちいた体術に始まるのじゃ」

❖密教的《タントリック》なヨーガ

このジムの稽古は、ワイクーに始まり、ワイクーに終わる。

ワイクーには複雑に錯綜するタイ人の観念、歴史的、世俗的、宗教的な意味あいが十重《とえ》二十重《はたえ》にからみついている。モーさんの云うとおり、それらの総体こそがタイ文化であり、ムエタイなのだ。

たとえば、タイ族はどこから来たのか?

タイの神話はいう。われらの先祖が初めに住みついたのは、鬱蒼とした樹海であった、と。

人びとはムアン(邑《くに》)をつくり、田を拓くために、巨樹を伐り、領土を決め、人間界の秩序を確立しなければならなかった。切り倒した巨木の一本は、邑を守る柱(ラック・ムアン)として聖所に建てられ、供養を受けた。

しかし、天地の間に存在するいかなる現象、物体にも霊が宿る。自然現象、山川草木、動物はもとより岩石、鉱物にも宿る。人間の病気、不幸には、かような霊がわざわいしていることが多い。かれらとおりあいをつけるのが、モーピーとよばれる呪術師である。

そして、ムエタイ・ボクサーがワイクーのさいに頭にかぶるモンコンは、その呪術師の象徴である。つまり拳士は、モンコンをつけたときから、ある種の神官へと変身するのだ。

彼は、儀礼の舞いに先立って、リングのコーナーポストを聖なる柱とみなして礼拝する。トップロープに手をかけリングを一周し、邪悪《よこしま》なものが侵入しないよう結界を張りめぐらせる。西洋文明の産物であるリングが、タイの神話を再現するための装置と化すのだ。

また彼は、ルゥシー（仙人）とよばれるヨーガの達人でもある。タイの宗教は上座部仏教だけではない。『ラーマーヤナ』とともにもたらされたヒンドゥー教もあれば、ヨーガや密教の信仰もある。それらと民俗信仰が渾然としている。

結界をめぐらせた拳士は、右親指で右鼻孔をふさぎ、左鼻孔を用いて二、三度呼吸する。反対側でも同じことをし、どちら側が気息の通りがよいかチェックする。これは、ヨーガに典型的な呼吸法のひとつで、

――血流を善くし、左右の神経をととのえ、頭脳のはたらきを明敏にする

とされる（図3―2）。

「むかしのパフユッの師は、呼吸に問題のある拳士に、闘いを始めさせなかった」

と、モーさんは説明する。

「弟子にマントラ（呪文）を与え、呼吸が改善されるまで、休ませた。拳士は、呼吸のぐあいがよくなると、『三歩制圧』のフットワークを始める。そのさい、気息の通りのよい側の足を最初に上げて踏み出すのじゃ」

呪術師でもある拳士は、リングにあって、士気をたかめる手段として、魔法を信じ、護符、呪文の力に頼ることになる。これらの超自然的なパワーを行使するには、おのれの意志をコントロールし、集中することがもっと

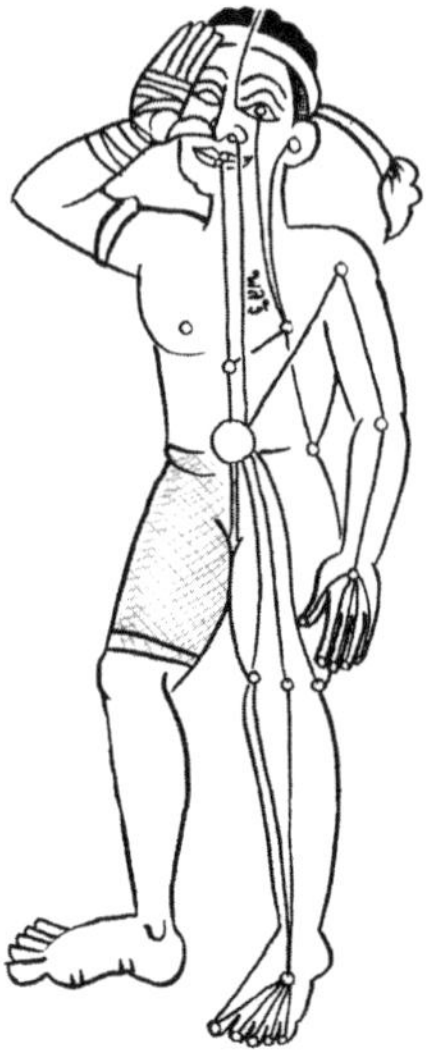

図 3-2　ヨーガの呼吸法

左右の鼻孔を片方ずつ塞ぎ、吸息３：吐息８の割合で深呼吸。気（プラーナ）の通り具合をチェックし、左右のバランスを調える。

も重要となる。たとえば、

――おお、ハヌマーン神の御力に勝利あれ
(Hua Jai Hanumaan Kah-lah)！

というマントラがある。これはHanumaanの音節の組み合わせを替え、以下のように誦《よ》まれる。

ハー・ヌー・マー・ナー
ンド・マー・ナー・ハー
マー・ナー・ハー・ンド
ナー・ハー・ンド・マー

この誦みは瞑想のトレーニングにも用いられる。音のならびを正しく暗記し、くり返し、できるだけ速く誦むためには、ひじょうな集中力が要求されるのだ。信仰と意志の力をはかる法でもある。

同時に、心中で咒《じゅ》を誦んでいる間、ハヌマーンの御姿を観じるまで、彼の勇気と力を思念しなければならない。と、やがて、

「拳士のなかに、ハヌマーン神の勇気と力が宿ることになるのじゃ」

この思念の行のプロセスは、密教的《タントリック》なヨーガのそれと同一である。

舞いは、じっさいの試合では、伝統音楽を合わせて行われる。舞いには、さまざまな型がある。代表的なものに――

○霊鳥飛翔（ホン・ヒエン）：片脚を後ろに伸ばし、両腕を翼のように広げる。座式（図3‐3の④）と立式（図3‐3の⑧）がある。

○四面梵天（プロム・シー・ナー）：リング中央から東西南北の四方に三歩制圧のフットワークで進み、片膝を前方に高くかかげ、両拳を胸の前でぐるぐる回す。

○鹿追うラーマ（プララーム・ターム・クワーン）：敵選手にむかって矢を射るジェスチャーをする。

などがある。しかし、どの拳士も初めにかならず行わなければならないのが、正面（東）に向かって正座し三拝する「天人礼拝」（デーッパノム）。これには戦闘技術をしこんでくれた師、おのれを産んでくれた両親、国を治める王に感謝をしめす意味がこめられている（図3‐3）。

これらのダンスが、儀礼であると同時に、ウォーミングアップの準備運動であることは周知のとおりだ。が、それだけではない。

呼吸に合わせたゆっくりとした動作で舞われるワイクーは、心身のたしかな統合と宇宙との調和をはかることを目的とした一種のヨーガ体位法、ないしは気功にもなっているのだ。

自分でやってみれば、中心軸をぶらすことなくこれを行うことがいかに困難なことか、よくわかる。気を丹田におとすことが肝要となる。もっともタイでは、臍下《せいか》ではなく、もう少し上の「臍の根」（臍と背中の真ん中あ

図 3-3　ワイクーの一例

①正座し、合掌して瞑想。

天人礼拝

②手で地を触れ、地霊に礼拝する（吐息）。

③合掌した手を頭上に、上体を反らせる（吸息）。②③を３回くり返す。

霊鳥飛翔（座式）

④正座から右足を一歩進め、左足を浮かせて右膝立ち（吐息）。体重を前足にかけ、左足を浮かせる。両腕を左右に広げ、手首を外側に折り曲げ、指をピンと張る。そして、両手を円を描くように回して体の正面に移動させる（吸息）。

⑤重心を後足に移し、左かかとの上に尻を乗せる。右つま先を上方に反らせ、両拳を糸巻きのように３度回転（吐息）。[梵天の創造行為をしめす動作]

※④の腕を体側から正面に移動させる動作と⑤を３回くり返す。

⑥起立する（吸息）。右膝を曲げて重心を沈め、左膝を上げる。左手を左膝にあてがい、右手を顔の前に立てる「防御の構え」をとり、左に 180 度回転する（吐息）。

梵天礼拝（四面梵天と立式霊鳥飛翔の組み合わせ）

⑦左足を下ろすと同時に、摺り足で 2、3 歩前進（吸息）。

⑧右足に体重をかけて前傾、左足を後方に浮かせ（吐息）、両手を左右に広げ、④同様に円を描くようにして胸前に移動させる（吸息）。

⑨左膝を前方に突き上げ（吐息）、右膝のバネを使って体を上下させながら、手で糸巻き動作をする（ふつうの呼吸）。

鹿を追うラーマ

⑩左足で立ち、右足を上げ、弓を引くジェスチャーをする（吸息）。

⑪矢を射る（一気に吐息）。同時に右足をドンと踏み下ろしてから、左足を軽く上げ、小手をかざして、矢の行方を目で追う。

※⑩⑪を３回くり返す。３度目で命中。莞爾とほほ笑む。

⑫合掌して終える。

たり）に意識を集中する。ヨーガが、臍のチャクラ（エネルギー中枢）を、全身をめぐるプラーナ（気）の起点と定めているからであろう。

❖パフユッ（シャム拳法）のルーツ？

「ワイクーをすることがいかにスゴいことか、少しはわかったかね？」とモーさん。

「はい、ワイクーは――」

おのれの魂をひたすら深部へと向かわせて、おそるべきエネルギーを凝縮させるための行為である。ワイクーによって全身からリキみを抜き去り、かわりに空気や水のような流動体で満たしてゆく。そして戦闘になると、裡《うち》にたくわえた精気を一挙に爆発させるのだ。

「すると――」わたしはつづけた。

「ムエタイの、パフユッのルーツはインドなんですね」

モーさんの書いてくれた文字を辞書で繰ってみた。〝パフユッ〟は、

――baahu-yuddha
と綴られる。文字どおりに発音すると〝バーフ・ユッダ〟になる。現在のタイ語では、文字と読みがかならずしも一致していない。が、文字を重視するのであれば、パフユッのなんたるかがうかがえる。〝バーフ・ユッダ〟は、「拳法」を意味する梵語なのだ。

ムエタイに込められたラーマの神話、ヨーガの修法、そしてバーフ・ユッダという言葉――すべてがインドを指している。ところが、

「なにをぬかす！」モーさんは一喝した。

「パフユッはあくまでタイ固有の武術じゃ。それに『ラーマーヤナ』なんぞ知らぬわ、『ラーマキエン』じゃ！」

図 3-4　仙人飛翔 Ruesee-hern

仙人を意味する〝ルッシー〟も梵語の〝リシ〟のタイ訛り。古式には〝ルッシー○○〟という名のついた技がいくつかある。図は「仙人飛翔（ルッシー・ヒエン）」。

これは、敵を一撃でほうむる技である。実修者は、敵の蹴りの力をおのれの攻撃に利するすべを知れ。

敵：踏み込んで我の顔面を右足で蹴る。

我：身を前屈させ、左手で敵膝のすぐ上を圧す。そして敵の蹴りの力を利用しながら両足で高々と跳躍し、顔面または顎を拳撃する。

敵が左足で蹴ってきた場合は、左右を入れ替えて同じように反撃する。この技は、膝蹴りに対する防御にも用いられる。同じように体変するが、間合が縮まるぶん、拳を肘に替えるべし。

（ヨッ・ルエーンサ『虎王の指南書 Taamrab Prachao Sua』より）

のちに、タイ人の多くが、この文学は古代シャムの叙事詩である、と考えていることを知る。プララームはタイ人、ハヌマーンはタイの猿である、というのだ。

ために、かような自家撞着した言いぐさにも出くわすのだが、いいかえれば、インドのラーマとハヌマーンの物語が、それほどまでに強くタイ人の血潮に脈打っているのだ。

わたしは、それでも訊いてみた。

「バーフ・ユッダ……いやパフユッを、むかしのままに伝える道場はあるのですか？」

老トレーナーは、

「ない。伝統武術では食ってはいけぬ」

と即座に否定したが、数秒してその言をくつがえした。

「いや……ある。たった、ひとつだけ。それこそ仙人《ルッシー》（図3－4）みたいな偏屈ジジイが、田舎に引っこんでこしらえた道場じゃ。そこは――」

そこに、わたしもしばらく通うことになる。

4 矢を射るラーマ プララーム・プラン・ソーン

❖謎にみちたシャム武術史

古式のシャム拳法はしばし措《お》いて、本章ではタイの隣国カンボジアに注目したい。この国が、シャム拳法の成立――ムエタイ前史を解明するカギを握っていると思われるからである。

カンボジアには、ポル・ポトに弾圧されるまで、アンコール王国（九〜十五世紀）以来連綿とつづけられてきた伝統武術と拳法試合があった。そのことを知ったのは、バンコクのムエタイ・ジムに滞在していたときであった。

❖戦士の食卓

ジムでは、自炊をしていた。門下生が交代して食事の仕度をする。稽古場の床がそのままテーブルになる。ゴザを敷き、料理をいれた鍋や皿を置く。それを皆でかこんで座り、銘々の皿にとって食べるのだ。わたしもしばしば相伴《しょうばん》にあずかった。しかし――

「ブハ……×▽□※♤〜！」

息がつまった。トウガラシである。横隔膜《おうかくまく》が喉までせり上がってきた。肺にたまっていた空気が声にならぬ悲鳴となって、口からおし出された。コップの水をあおる。

「ブッハー！」

ようやく声が出た。背中を冷たい汗が、つーっと下っていく。ひっく、横隔膜が痙攣《けいれん》して、シャックリが出る。

「アハハハ」と、少年たちが嬉しそうな声をあげた。

「おいらのトムヤム、辛えだろ！」

このジム最年少のウィラポン君、えっへん、とまだ薄い胸を張った。だから、おいらは強えんだ、とその目が云っている。タイでは、

――辛いものを食べる者、すなわち勇者
のような風潮があるのだ。子どもでも、辛いものを食べられることがガキ大将の条件だ。食べられないと、弱虫、といっていじめられる。

（いかん。これでは、オレが弱虫みたいに思われてしまう）

がんばって食べる。皿にとった米飯にスープをぶっかけて、手でこねまわして食べる。トムヤム・スープはもともとそうして食べるものなのだ。

メシと混ぜることで辛さも薄まる。口の中がヒリヒリすることは変わらぬが、妙に舌になじむ感じもする。この辛さに慣れれば、病みつきになるのかもしれない。

それはともかく、このジムでよくつくられるトムヤム・ガイ（鶏のトムヤム）は古来、戦士にとって理想的な料理とされてきた（図4－1）。鶏肉とマナーオ（レモンの類）の組み合わせが素晴らしい。鶏は高タンパクでカロリーが低く、新陳代謝を促進する。マナーオには、抗酸化成分がたくさん含まれ、主成分のクエン酸は体調をととのえてくれる。

経験的にこれを知っていた現在のムエタイ選手は、試合の前になると、市販のチキンエキスと柑橘類の濃縮ジュースを飲む。すると、わずか一時間でエネルギー代謝が一、二割も底上げされる。ナチュラルで合法的なドー

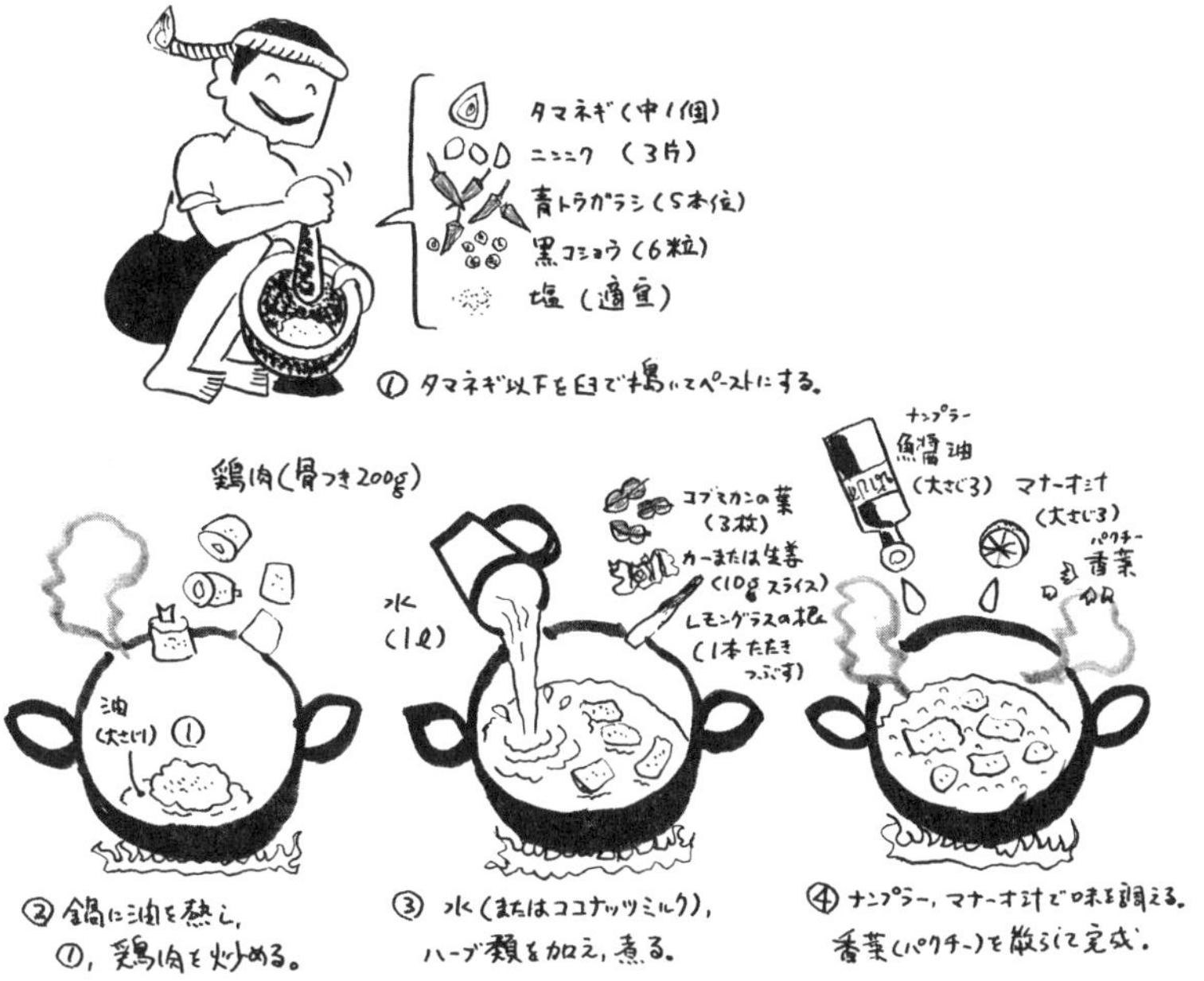

タマネギ（中1個）
ニンニク（3片）
青トウガラシ（5本位）
黒コショウ（6粒）
塩（適宜）
① タマネギ以下を臼で搗いてペーストにする。
鶏肉（骨つき200g）
油（大さじ1）①
水（1ℓ）
コブミカンの葉（3枚）
カーまたは生姜（10g スライス）
レモングラスの根（1本たたきつぶす）
魚醤油《ナンプラー》（大さじ3）
マナーオ汁（大さじ3）
香菜《パクチー》
② 鍋に油を熱し、①、鶏肉を炒める。
③ 水（またはココナッツミルク）、ハーブ類を加え、煮る。
④ ナンプラー、マナーオ汁で味を調える。香菜（パクチー）を散らして完成。

図 4-1　トムヤム・ガイ

トムヤムのレシピは千差万別だ。代表的なクン（エビ）のほか、カニやナマズなどの魚介類、肉や内臓（もつ）も具にされる。レモングラス、カー、コブミカンの葉などのハーブは欠かせないが、酸味料にタマリンドやトマトやパイナップルを入れたり、ココナッツミルクでまろみを加えたりもする。

ピング剤といってよい。

流れ出した汗で、全身、スコールを浴びたようにびしょ濡れになった。

しかし弱虫の日本人には、地鶏の水炊きをポン酢で食べる方法をお薦めしたい。

「久しぶりにパワフルな料理を食った気がするよ。バンコクの味は、思ったよりマイルドだったから――」

わたしの言に、歓声があがる。

「だから、バンコク者《もん》は軟弱だあ」

「ムエタイはイサーン（東北タイ）のもんだ」

門下生は、ひとりを除いて全員がイサーンの出身者だ。かれらのことばには、中央にたいする熱い敵愾《てきがい》心に満ちている。

「サムローマチューは、もっと辛いぜ」

わたしの隣に座っていたサリーム

が小声でいった。彼はクメール（カンボジア）人である。二十歳《はたち》をすこし越えている。

「サムロ……？」

「ああ、トムヤムに似たカンボジアのスープだ。そして、カンボジアにも〝プロダル〟や〝バダイセレイ〟というボクシング（拳法）があった。プロの試合もあった」

お寺の境内が、ボクシングのアリーナだった。プロのファイターたちは、寺から寺へと旅し、興行した。サリームは、一九七〇年にトレーナーを見つけるまで、故郷のシェムリアップ（アンコール地方）の村で、ひとりで練習をつづけた。

第二次世界大戦のころ、同じアジアの日本の軍隊がカンボジアからフランスの植民地主義者を追放したことを祝って、アンコール・ワットの境内でボクシングのトーナメントが開催された――。

彼は、村人たちがそんな話をしていたことを憶えている。

「リングの横に棺桶が置かれていたそうだ。敗者が死んじまったときに備えて」

選手は、拳にグラブではなく、絹の紐を巻きつけて闘った。二の腕に、赤い布で包んだ魔法の草カテイを結わえつけて。布には、敵を征服する戦士の絵が描かれていた。

一九七三年、サリームは、試合に金を賭けることが公認されているパイリンに移動した。パイリンはタイとの国境付近の街だ。博奕《ばくち》の対象ということは、それだけ稼ぎ（ファイトマネー）もいい。一九七五年四月にカンボジアがポル・ポトのクメール・ルージュ党の支配に下るまで、彼はそこでファイトをつづけた。しかし、ポル・ポトはボクシングを禁止し、選手の虐殺にかかった。サリームは、命からがら徒歩でタイに亡命した。

「料理もボクシングも、カンボジアが先だ。タイはその真似をしたんだ。その証拠に、ムエタイの〝ムエ〟はタイ語ではない。クメール起源のことばだ」

クメール語の〝ムエ〟は数字の「一」。中国では、おおがかりなバトルを「戦」、少人数のこぜりあいを「闘」、一対一のファイトを「格」と区別するが、その「格」に相当するのが〝ムエ〟。すなわち格闘（技）の謂いとなる。したがって、〝ムエ〟はかならずしもボクシングに限定されない。タイ人は、プラーン（レスリング）のことを〝ムエプラーン〟といういいかたもする。

「いつになるかわからないが……カンボジアが平和になったら、アンコールに行ってみるがいい。俺のいってることがウソじゃないって、わかるはずだ」

※

それから二十年近くたって、わたしはカンボジアに行った。

その二十年のあいだに、インドやチベットやインドネシアの伝統武術の調査も行った。わたしをアジアン武術の研究に駆り立てたのが、サリームのことばだった。その意味でアンコールは、ぜひとも訪ねなければならぬ聖地であった。

「東洋の楽園」と謳《うた》われたこの国を、屍《しかばね》の累々する地獄絵に塗り変えたポル・ポトは、その前年（一九九七年）に死んだ。世界の至宝アンコール・ワットは観光客にあふれていた。

❖ナーヤル——神王の軍団

「アンコール・ワットには、ムエタイの哲学が凝縮している」

と、サリームは云っていた。

たとえばアンコール・ワットは、ピラミッド状に高まる三重の基壇から成る。これらは下から、地界、空界、天界のヒンドゥー宇宙観の三界をしめしている。ムエタイのフットワークを「三歩制圧」というが、これはヴィシュヌ神が三歩で三界、すなわち全宇宙を制圧した、というヒンドゥー神話にもとづいたものだ。

図 4-2　ランカーを攻めるラーマ Pra-Raama Yeab Longkaa

『ラーマーヤナ』にちなんだ古式ムエタイの技法。


この技は、敵の蹴りの力、我の跳躍する力、そして足の力（の全部で３つの力）をかけ合わせて、まわし蹴りでカウンターするものである。対手の蹴りの力に、おのれのまわし蹴りの力を合わせて浮力を得るコツを学ぶがよい。

敵：踏み込んで我の脇を右足で蹴る。

我：左足裏で敵脛を踏み、同時に右足で跳躍して、対手の首の急所または顔面を蹴る。

敵が左足で蹴ってきたときは、左右を代えて同様に反撃せよ。

（『虎王の指南書』より）


また、インド叙事詩『ラーマーヤナ』。魔王ラーヴァナに妻のシータを誘拐されたヴィシュヌの化身ラーマは、猿王スグリーヴァと同盟して、魔王の本拠地ランカーに進軍する（図４－２）。猿軍の英雄がハヌマーンである。タイ人が、このラーマとハヌマーンをムエタイの祖師に戴いていることは、すでに述べた。そして、タイ人の大好きなこの物語は、タイへは、インドからではなく、カンボジアのアンコール王国から伝えられたのだ。

その『ラーマーヤナ』のクライマックス——ラーマとラーヴァナの大戦争絵巻が、アンコール・ワットの第一基壇の回廊の壁面に、延々五十一メートルにわたってレリーフされている。

雨のような飛箭《ひせん》のなか、敵味方の軍勢がいりみだれ、刀槍を混じえている。怒号する顔、恐怖にゆがむ顔、踊りあがる馬、きらめく槍や刀、ふっとぶ腕や生首、宙にまかれる血しぶき――それらが視野を、いそがしく、掠《かす》めすぎてゆく。

「パオー、ヴァオー」軍象《いくさぞう》のトランペットのような咆哮《ほうこう》。

「ワー、オー」戦士たちの雄叫《おたけ》び。

「チーン、カキーン」剣と刀が嚙み合う金属音。

「グワッ、ゲフッ」傷つき、死にゆく者たちの断末魔の悲鳴。

それらが画面から飛びだし、わたしの脳のなかで巨大な渦をなした。

石の壁が音を発するのだ。秘密は構図にある。

古代カンボジアの彫刻家たちは、壁面を楽譜にみたてて鑿《のみ》をふるっている。攻防の、おなじ体勢をした戦士たちのからだが、三重《みえ》、四重《よえ》と重ねられたり、ある人物は極端に大きく、またある人物は極端に小さく描かれている。人物、動物が、壁面という譜面を舞う音符として扱われているのだ。アンコールが範としたインドを超越した技法だ。

「それにしても……」と、わたしは独りごちた。

人と人、人と動物、人と神や魔類の摩擦しあう、この地獄のごとき熱気は――。

アンコール・ワットは、スーリヤヴァルマン二世（在位一一一三〜一一五〇年？）が建立したヴィシュヌを祀る寺院だ（現在は仏教寺院）。

そしてこのレリーフは、王都アンコールをカンボジアにおけるアヨーディヤー（ラーマの都）と観じ、そこを流れるシェムリアップ川をガンジス河と観じ、みずからをラーマと観じて転戦し、インドシナ半島のほぼ全域を切り取りして、カンボジアに黄金時代を現出したこの王の、じっさいに身を置いた戦場の光景を写しとったもの

図 4-3　ガルダに乗るラーマ（アンコール・ワット）

ラーマは、左手に弓と蓮華、右手に矢と円盤を持つ。ワイクーにも、これとそっくりの円盤投げや弓ひきのポーズがある。なお、このラーマの容貌は、アンコール・ワットの建立者スーリヤヴァルマン2世のすがたを模したもの。


にちがいない。

「リアリズムに溢れている」のだ。

その王は、画面の中ではラーマご自身に化して、魁偉《かいい》なすがたをした霊鳥ガルダに騎《の》り、剛弓を引きしぼっている（図4-3）。右足を上げたポーズは、「矢を射るラーマ」（プララーム・プラン・ソーン）ないしは「鹿を追うラーマ」（プララーム・ターム・クワーン）とよばれるムエタイのワイクーの型にそっくりである（第3章参照）。狙いをつけた鏃《やじり》の先には、十の頭と二十の腕を持った魔王ラーヴァナがいる。

彫刻家が仕事するかたわらで武人たちが演武して見せたのだろう、壁面に記録された戦士の動きも、そこから古代クメール武術が復元できるほどに精確だ（図4-4、4-5）。

戦士たちは、いずれも歩幅をひろ

くとり、腰をひくく落とした構えをとっている。

そして、対手《あいて》の攻撃をけして正面から受けていない。身を開いたり、対手の側面に入身《いりみ》して、敵の体勢《バランス》をくずし、反撃をできなくしてから、重心を低くした磐石《ばんじゃく》の構えから瞬速に撃ち出して骨がらみに斬りこんでいる。

それは、よく訓練されたアンコール戦士たちの写し絵でもあった。サリームは、クメール武術の伝説についても語ってくれていた。

「アンコールの王は、〝ナーヤル〟という親衛隊に守られていた。かれらは戦闘のすべて——白兵戦から敵に対し心理的に優位に立つことまでを、科学的に訓練されていた。ナーヤルはプラーナ（気）を操ることにすぐれ、矢を射たり槍を投げたりするふりをするだけで、敵の戦士がじっさいに身を貫かれるような痛みを感じるほどだった」

手持ちのクメール語の辞書をくっても、〝ナーヤル Nayar〟の語は見当たらない。しかし、インドでナーヤルたちに出くわすことになる。カラリパヤットを伝承する部族だ。ナーヤルを縮めて、ナイルともいう。カラリパヤットでは、プラーナを煉《ね》ることを訓練のかなめとし、武器と徒手を修める（拙著『ヴェールを脱いだインド武術』参照）。

たそがれが迫っていた。刻一刻と移動し、淡いオレンジから重い火の玉へと色を変えゆく残照が、アンコール・ワットの西壁に刻された『ラーマーヤナ』に、影絵芝居のようにゆらぐ玄妙な陰翳《いんえい》をつくりだしていた。

❖ソワンナプーム・ボクシング

熱帯の街は、陽が暮れると急ににぎやかになる。人びとは、昼間の暑さがやわらぐころになって、ようやく動

図 4-4　クメール武術（アンコール・ワット）

白兵戦では蹴りが重要な武器となる。右の戦士は、敵の蹴りを捕って、膝関節を極めている。他のレリーフにおいても、クメール兵は重心を低くし、敵のバランスを崩してから攻撃している。よく訓練された武術が行われていたことの証左である。

図 4-5　相撲（バイヨン寺院）

マワシを締めた巨体の力士の試合。中央は仕切り、左はとったり、右は背負い投げ。

きだす気になるのだ。

めし屋に人だかりがしている。店の奥にテレビがある。ただ見を決めこむ男たちである。ブラウン管はリングを映しだしていた。わたしはビールとサムローマチュー——トムヤムに似た料理だ——を注文し、座席を確保した。

ＴＶ５の「サンデー・ボクシング」の生中継だという。プロダルクメール（クメール拳法）はすでに復活していたのだ。しかし、拳をつつむのは、絹の紐ではない。グラブである。

リングに上った選手は、師に敬意を表する〝クンクル〟を演じる。フルートとシンバルの音、そしてアリーナを満たす歓声に身をゆだねながら。ムエタイのワイクーとほとんど変わらぬ仕草《しぐさ》の踊りだ。「矢を射るラーマ」もある。選手は目に見えぬ敵、『ラーマーヤナ』の魔王に想像の矢を射る。一瞬の間を置き、不可視の矢を受けた対手はマットにくずおれる（真似をする）。

両選手はグラブを合わせて挨拶し、ついで、手足を通して破壊的なエネルギーを解き放つ。

「そこやーっ、いったらんかい！」

「ケリ、決めたれやーっ！」

ただ見の男たちは拳をふり上げ、おのれが闘っているかのごとく身を踊らせている。

うっすらと憶えている、街頭テレビに群がり、力道山のファイトに心を沸《おど》らせる人びとのすがたと重なった。

画面は青コーナーで、拳をふり上げ、なにやら叫んでいるセコンドを映し出した。わたし同様に、すっかりと中年じみてしまったサリームであった。

サムローマチューが運ばれてきた。鶏肉がトマトやハーブとともに煮込まれている。ライスにかけて食べた。じゅうぶんに辛いはずなのだが、なぜか甘酸っぱい味がした。

さて、二〇〇〇年前後のことであるが、タイ政府が、
「東南アジア全体でムエタイ（タイのボクシング）を広げていこう」
と、周辺諸国によびかけたことがあった。
それに対し、カンボジア政府が〝ムエタイ〟の名を拒否した。いわく、
「国境を越えて行うスポーツに、国名を付すのはいかがなものか。それをいうのであれば、わが国にはプロダル
クメールがあり、歴史もこちらのほうが長い」
カンボジアは、それに代わる名として、
——ソワンナプーム・ボクシング
を提唱している。ソワンナプームとは「黄金の洲《くに》」の意。東南アジア地域をさす梵語、スヴァルナブーミに由
来することばである（現在では「クン・クメール」という名称が浸透しつつある）。

5 猿を捕る夜叉 クンヤッ・ジャブ・リン

❖リンロム、または猴拳《こうけん》

エイッ、と暹羅《しゃむ》のネエちゃん、オレの頭めがけて、刀をふりおろす。

こちとら、剣道は段もちだ、チャンバラごっこはお手のものだ。

かわして、踏みこみ、身を寄せる。お近づきになれました。そんなにこわい顔しないでちょうだいな、親の敵《かたき》じゃあるまいし。かわいいお顔が台なしよ。

ヤッ、とネエちゃん、オレの玉に足蹴《あしげ》する。お、おーっと。片スネ上げて、カットする。冷汗たらり、そりゃないぜ。〇〇〇もげたら、どうしてくりゃる……?


ムエタイ前史を追う旅をつづける。

タイの首都バンコクからチャオプラヤー川に沿って北上し、かつての王都アユタヤを抜け、さらに北に向かうとロッブリーにいたる。

シャムのいにしえの王国――スコータイ(一二四〇~一四三八年)やアユタヤ(一三五一~一七六七年)の副都とされた町だ。その前はアンコールの城市の置かれた邑《まち》だ。砲弾のような形をしたクメールの塔が、青空にのびやかに立ち上がっている。とんがり帽子を思わせるシャムの仏塔が天を突いている。いたるところ遺跡の街だ。

異様な町だ。猿が多いのだ。多すぎる。人より多いかもしれぬ。白銀色の軀《からだ》に長い尾をつけた猿が、

「キキーッ」

と甲高い啼き声をあげて、屋根から屋根へと跳びはねている。家々のベランダに張られた猿よけネットで、トランポリンをしている。

遺跡は猿山と化している。いたずら猿だ。参詣する女のコたちの髪を引っぱったり、抱きついたり。下腹から赤黒いものをにょっぽり立てた不届きモノもいる。

わたしが近よると、彼女はイヤイヤしながらセクハラ猿をふりほどき、

「マイペンライ（仕方がないわ）」と苦笑した。

「だってここは、もともとおサルの邑《くに》なんだから」

魔王を滅ぼし、故郷アユタヤに凱旋したラーマは、戦功のあった猿神ハヌマーンに褒賞を与えることにした――と、シャムの叙事詩は語る。

ラーマは矢を放った。そして、矢が落ちた場所をハヌマーンの封土に定めた。

矢はロップブリーに突き立った。その衝撃でこの町の土は白く灼《や》けてしまった……。


ロップブリーは古式ムエタイ最古の流儀の発祥の地でもある（第2章参照）。それ以前は、

「リンロム（Linlom）なる拳法が、ひろくタイ族のあいだで行われていた」

と、タイの史家が書いているのを最近目にした。リンは猿、ロムは風。その名のとおり飛猿《ひえん》のように宙を舞い、ときには岩のように地を転げながら敵を攻撃する。

三千年も時をさかのぼれば、タイ族は現在の中国南部で暮らしていた。というより、当時東南アジア世界は、長江の北で中国と接していた

しかし、秦《しん》の始皇帝《しこうてい》の「統一」を嚆矢《こうし》に漢族はどんどんと長江以南に侵蝕してゆき、中国と東南アジアの境も南へ南へと押し下げられてゆく。

タイ族は雲南に王国をきずいて長くとどまり、その地に豊富に生息する猿の動きをもとに、リンロムをあみ出した。

が、雲南もやがて中国に呑みこまれていく。タイ族はインドのアッサムにまでいたる西の山岳地帯、そして南のメコンやチャオプラヤー流域――現在のラオスやタイ国に移動することを余儀なくされる。

リンロムはタイ国内ではムエタイに吸収されて消滅したが、雲南に残存するタイ系少数民族は現在もこれを伝承している。明代、漢族はみずからの武技にリンロムの動きを取り入れて、『西遊記』の孫悟空を始祖とする「猴拳《こうけん》」を生んだ。

――というのが、そのエッセイの骨子である。

史実か否かはわからない。タイ国と中国との交流がさかんになった一九九〇年代に雲南省を訪《おとの》うた史家が、本家スジにあたる人たちの行う拳技に接し、これぞムエタイの原形として、かような説を唱えたとも考えられる。

一般にいわれている中国拳法↓ムエタイの流れとは逆だが、「中国拳法」の名で括られている拳術のすべてが漢族に起源しているわけではない。中国史そのものが、漢族と、かれらの征服した、あるいは漢族を征服したさまざまな民族との同化の累積なのだ。そして、孫悟空のモデルがハヌマーンであることは、今日ほぼ確実視されている。

猿は黄色い眸《め》でわたしを睨み、キーッと牙を剝いた。体毛を逆立たせている。オンナを奪《と》られる、と思っているにちがいない。わたしも眸をつり上げて歯を剝き、ガオーッ、と唸った。少女たちが、ふふっ、と笑っている。

猿奴《さるめ》は、

「大人げないねえ、キミィ」

といった風情で肩をすくめ、古代の塔にかけ登っていった。

「ちくしょう、この国じゃ、アイツらも神様なんだからなあ」

そう、ここではあくまで猿が主役なのだ。そしてわたしは、

――ハヌマーン、リンロム、ロップリー拳法

と、猿つながりで古式ムエタイの起源に迫れるのではないかと考え、タイでも猿の町として有名なロッブリーを訪ねたのだ。

❖「ムエタイ五百年」の歴史

シャム（タイ）族がインドシナに入植をはじめたころ、この半島を支配していたのはアンコール王国であった。シャムはクメールに隷属する。

が、やがてアンコールは衰退し、インドシナ全域に満ちていたクメール族は、まるで潮が引くようにドンラック山脈以南――現在のカンボジア領内に撤退してゆく。

アンコール王国衰退の理由のひとつに、クメールのあいだに、ヒンドゥー教や大乗仏教（密教）にかわって、上座部仏教がひろまっていったことがあげられよう。

王国は「神王《しんのう》の軍団」にささえられていた。

王イコール絶対神――シヴァやヴィシュヌ、本初仏（アーディブッダ）の化身、とするのが神王思想だ。民はその現人神《あらひとがみ》にいのちをささげた神兵だった。どこかの国で聞いたような話だが、だからこそアンコール軍は無敵の進撃をつづけることができたのだ。

ところが、上座部は個人の解脱を宗《むね》とする。この王も民草もない平等主義にあって「神王の軍団」は、いわば

レゾンデートル（存在理由）を失ってしまうのである。クメール族は、王国の繁栄よりも個人の救済を願い、ドンラック山脈の南でひっそりと暮らす道を選んだ。

それでも、国家の勃興期にあったシャム族にとって、アンコール王国は黄金の光を放つ大文明であった。あこがれであった。

やがて力を蓄えたかれらは、幾度にもわたってカンボジアに侵攻し、まるで熟れた果実をもぎとるように、文明そのものをになうアンコール人数万をみずからの領土に強制連行する。

そうしてシャムは、アンコールを模した国づくりを行った。

かつてのカンボジアがそうであったように、国土そのものがインド叙事詩『ラーマーヤナ』の舞台に擬せられた。たとえば――。

猿鬼パリーと水牛鬼トラピーが血まみれの戦闘をくり広げたチョンブリーの土は、真っ赤に染まってしまった。ラーマの妻を誘拐した魔王は、猛スピードで走らせる戦車の車軸を小高い丘にぶつけてしまった。サラブリーの丘がギザギザにえぐれているのは、そのためである。

カンボジアのシェムリアップ（アンコール地方）は、その魔王の王国とされた。アンコール・ワットは夜叉《やしゃ》の宮殿である。『ラーマーヤナ』をわが国の「桃太郎伝説」にたとえる人は多いが、シャムはまさに猿ほかの家来をしたがえて鬼が島を征伐する桃太郎のごとくアンコールを滅ぼし、宝ものを奪い取ったというわけだ。

いっぽうで、チャオプラヤー川はガンジス河に見立てられ、その河畔のシャムの王都は、ラーマの都〝アヨーディヤー〟に比定された。〝アユタヤ〟はそのタイ語形である。とうぜん、アユタヤ王もラーマと同一視されることになる。

カビにまみれていた神王思想をも復活させたのだ。

そのうえで、上座部仏教を国教とし、神の化身である王が仏教と人民を保護する、という巧妙な統治理論を構築した。この思想は、歴代の王を〝ラーマ〟と称する現王朝にも継がれている。

アユタヤ王国は、アンコールの「王への奉仕（ラージャカーリヤ）」なる賦役《ふえき》制もそのまま採用した。

この賦役はもともとは土木工事に村人を駆り出す制である。どうじに、緊急事態が発したときの動員体制でもあり、「神王の軍団」にすぐに統制替えすることができた。すなわち国民皆兵の制であり、領内の武人、農民、町人、職人のへだてなく、成年男子は武術を修め、いつなりとも出陣できるようにと、布令《ふれい》を発したのである。

しかし、百姓《ひゃくせい》を効率よく鍛えるためには、科学的に工夫された体系が必要となる。梵語やクメール語の軍事・武術にかんする論書を下敷きにしたそのための指南書も、一五〇〇年ごろまでには完成した。『チュー・パサート』（『戦勝論』）とよばれるその教本には、軍学の要諦と刀槍の術、さらに手足を武器として用いる法――タイ慣用語にいう〝パフユッ〟ないしは〝ムエ〟がしるされている。

その詳細については別の機会に述べるが、とまれ、『チュー・パサート』の成立をもって、民族的な戦闘術にインド的なパラダイム（体系、宗教儀礼などの枠組）をあたえたシャム武術の基礎がかたちづくられたとしてよい。いわゆる「ムエタイ五百年」のはじまりでもある。

また、意外なようだが、当時の武術教師の大半が僧侶であった。戦場での殺生を贖《あがな》うために出家する武人が多かったためである。かれらは、戒律にもとづく修行のあいまに俗人を指導した。

つまり、シャムの仏教寺院は武術の道場でもあったのだ。

❖クラビー・クラボーン

「エイッ、ヤッ！」

現代のお寺の境内。少女が四人、勇ましいかけ声をとどろかせて、木刀や棒をふりまわしている。さきほどの女のコたちだ。その気迫に怖れをなしてか、さすがの猿どもも近寄ってはこない。輿をひかれて眺めていると、

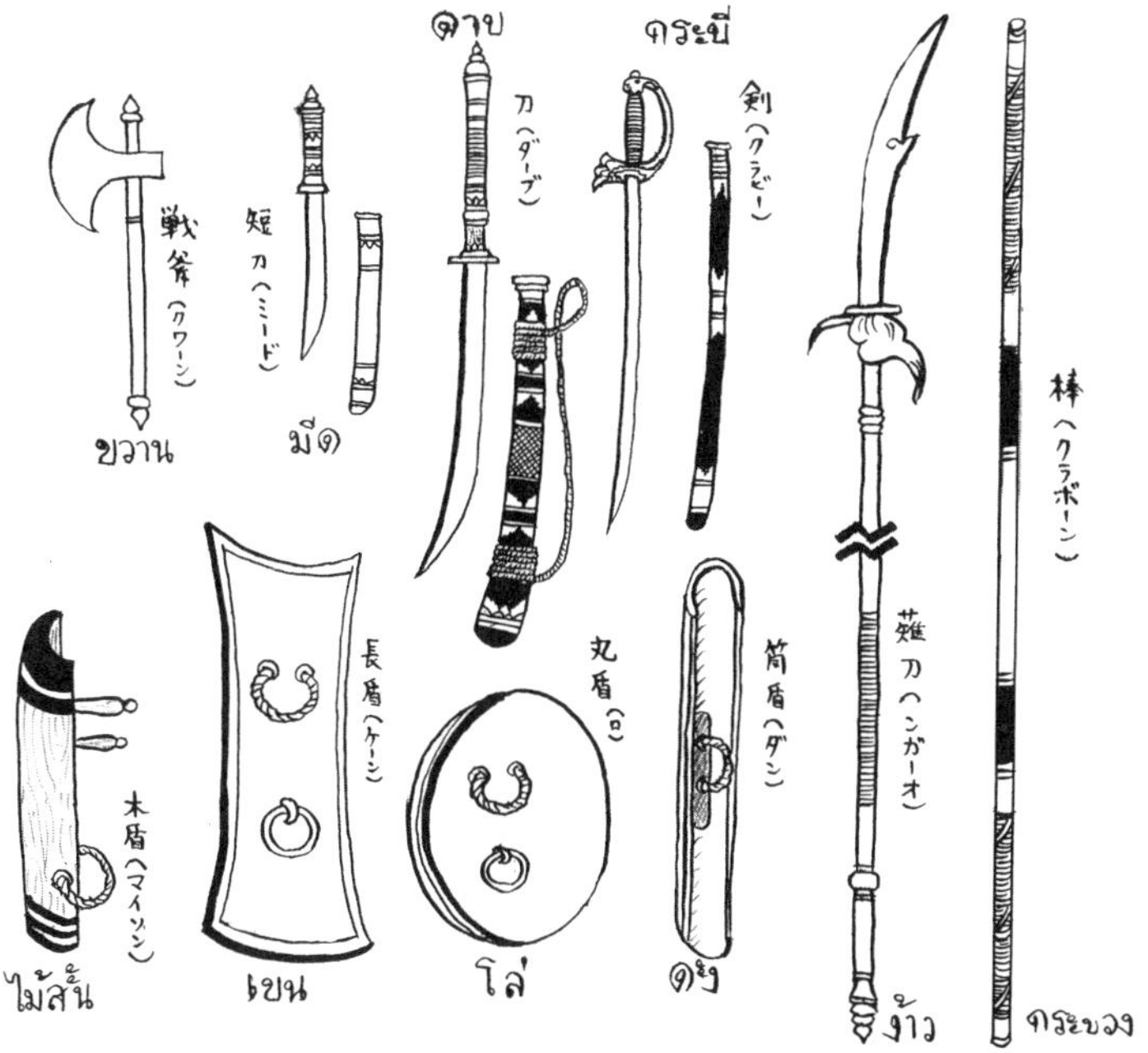

図 5-1　クラビー・クラボーンで用いられる主な武器

〝クラビー・クラボーン〟は「将校の指揮刀であるクラビーから、農民の手にするクラボーン（棒）まで」の略で、武器（術）全般をさす。また、クラビー・クラボーンには「最後の武器」として、古式ムエタイに類似した徒手の技法も含まれている。

「コン・ニップン（日本人）？」と、中年の上品そうな婦人が声をかけてきた。

「この娘《こ》たちは、クラビー・クラボーンの選手なんですよ」

クラビー・クラボーン※は、アユタヤ時代から伝承される武器による戦闘術だ。

クラビーは細身の剣、クラボーンは六、七尺の竹の棒をさすが、ダーブという斬撃に適した刀、薙刀《なぎなた》、マイソンという木製の盾も武器として用いられる（図5－1、5－2）。いまではスポーツとして、中学・高校の体育にも取り入れられているという。

婦人は、その体育の先生だ、と自己紹介した。

「へえ、女性もチャンバラするんですか？」

「タイの女は、昔から男といっしょ

図 5-2　マイソン（Maison）の用法

マイソンは農民が手づくりした硬木製の盾で、腕を通す輪と把手（グリップ）がある。このように両手に執ることもあるが、対手との間合が縮まるので、徒手のような闘いかたになる。図では、敵の棒（クラボーン）を腰をおとしながら左盾でブロックし、すかさずストレート・パンチの要領で右盾をくり出している。なお、ムエタイのコーチが持つミットはこの盾をもとにしたものだ。練習生のキックをミットで受けながら、ミットの端で顔面を突いたりする動作は古武術に由来する。


に闘ってきたのです。それに働き者ですし……」

意味ありげな笑いを浮かべ、

「そうだ。あなた、ケンドーやりますか？」

「すこしね」わたしはちょっと胸を張った。

「それはいい。全国大会が近づいてましてね。チェンマイやパタニーの選手の動きはわたしたちの意表をつく。他流に馴れさせておかないと……」

生徒に稽古をつけてやってくれ、といっているのだ。

あらためて少女たちを見る。みんな、お尻の位置が高い。わが国でも最近は脚のすっと伸びた若者が増えてきたが、胴長短足が日本人の伝統的な体形だ。生活様式がこの体形をつくった、といわれる。炭水化物、繊維主体の食事は腸を長くする。畳の上にすわる生活は脚を短くする、と。

が、タイ人も米食民族で床にすわる生活をしているにもかかわらず、がいして長い脚をしている。

インド人も同様だ。ならば、日本人が短足になったのには、別の理由があるのかもしれぬ。そういう体形のほうが生存に有利であったとか？

たとえば、日本の武術では、重心を低くして身を安定させることを説く。柔術にあっても、ほとんどの流派は、蹴り技を身体のバランスを崩すものとして棄て去った。ならば、脚は短くてもいいわけだし、大相撲を見ていても、長すぎる脚はしばしば力士を脆《もろ》くする。

「よろしく〜」

女のコたちは、マンゴーの花のような笑顔を見せて合掌し、そのスラリとした脚を可愛らしくかがめた。もはや断ることもできまい。手ごろな木刀を執《と》った。

ひとりの少女がワイクーを舞う。

クラビー・クラボーンもムエタイ同様、ワイクー、すなわち師を拝する舞いから始められる。右手に木刀、左手に水牛の皮でつくった細長い盾を持ち、得物をバトンのように回しながら優雅に舞う。見とれていたら、いきなり、

「エイッ！」

——そりゃ、ないぜ。木刀をとっさに頭上にかざしてブロックしたものの、頭蓋《あたま》も砕けよ、といわんばかりの打ちこみだ。寸止めの約束のはずではないか！

つづけて、盾の鋭角的な部分で喉を突いてくる。上体をスウェイバックさせてかわしたものの、太腿《あし》に重い衝撃を感じた。ローキックだ。クラビー・クラボーンでは、蹴りが重要な武器になっているのだ（図5－3）。

わたしは、よろけながらも、距離をとった。

少女は腰をおとし、脚をガニマタにひらく。アンコール・ワットの浮き彫りにあった戦士のかまえだ。このよ

※注　Krabi Krabong：こんにちのタイ語では子音につづくr-音はほとんど無視される傾向にあり、またk（g）、p（b）の発声が何種類もあるため、Krabi Krabongは〝ガッピー・ガッポーン〟と書いたほうがタイで聞く音に近いかもしれない。しかし、〝クラビー・クラボーン〟の名であるていど日本に定着しているため、筆者もそれにしたがう。

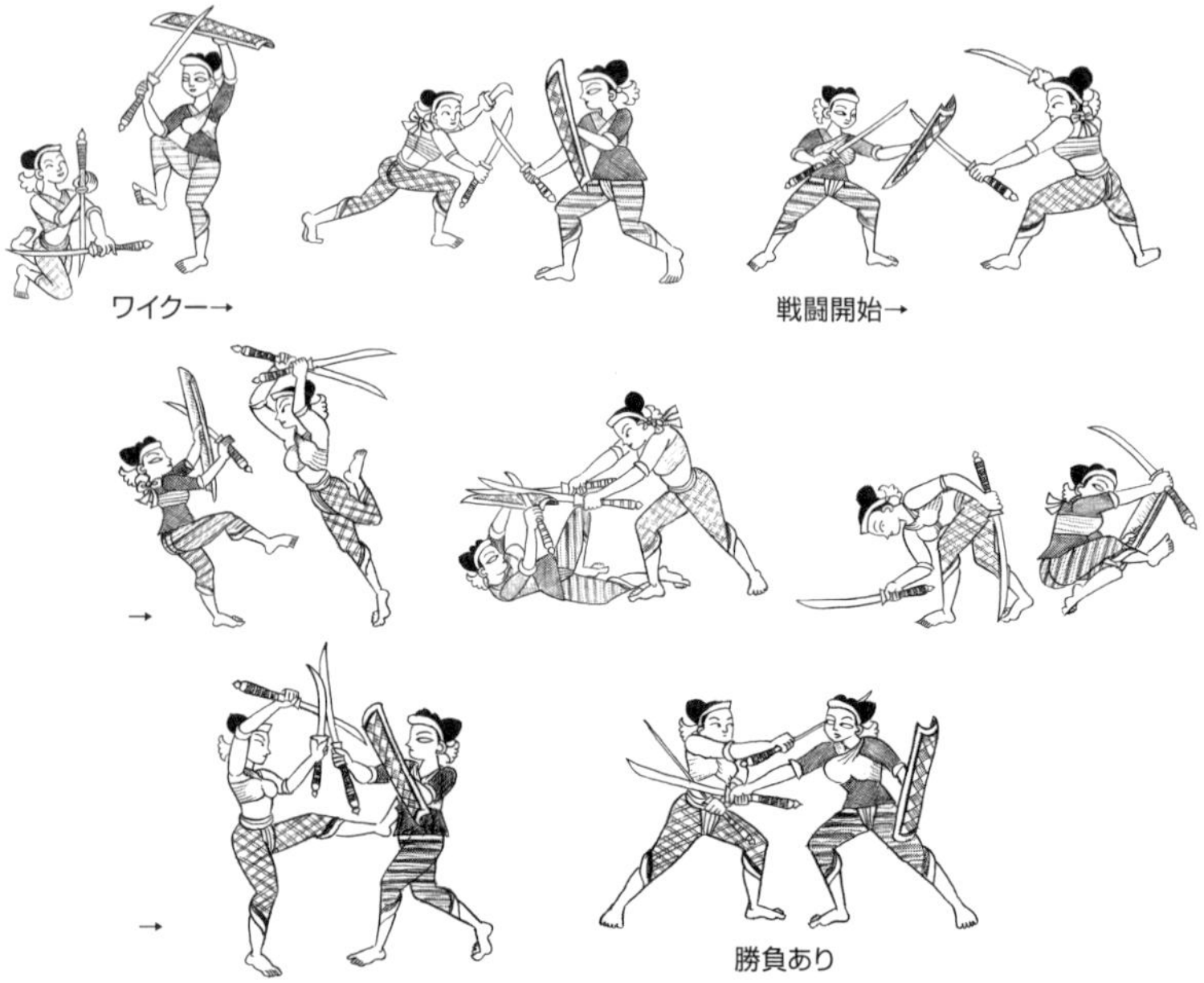

図 5-3　クラビー・クラボーン（二刀 VS 刀盾の闘い）

うな体勢でも強靭な足腰の持ち主であれば、迅速にからだの向きを変えることができる。現代スポーツでも、野球の内野手やラグビー選手の走法がそうだ。股をひらき姿勢を低くして疾走する。

そして、そのような姿勢ですばやく体変して、対手《あいて》の攻めてくる力をかわし、重心を崩しての反撃のほうが、おそろしい破壊力をあらわすのだ。

しかし、戦法がわかれば、対処もできる。チャンバラごっこは得意だ。わたしはかるく面を打ってやった。少女は盾で受ける。どうじに股間に蹴り。おっと——。あるていど予想していたので助かった。ステップバックして離れる。

少女は、追いかけて、打ちこんでくる。わたしは、かわして、踏みこみ、身を寄せる。また蹴り。急所を執拗《しつよう》にねらってくる。前蹴り、膝蹴り、股間蹴り。これが男と闘うときの秘訣と心得えているのであろう。でも、

図 5-4　猿を捕る夜叉 Khun-Yak Jab Ling

クラビー・クラボーンの連続攻撃およびその防御の基本稽古。古式ムエタイにも、同名の稽古法がある。

猿を捕る夜叉（クンヤッ・ジャブ・リン）は、攻め手にとっても受け手にとっても重要な技である……

夜叉（敵）は近間から、肘、膝、拳を素早く連続的に用いて、猿をあわてさせよ。いっぽう猿（我）は、それらに冷静に対処せねばならぬ。

敵：左足を踏みこみ、我の顔面を左拳で突く
我：敵に向かってすばやく左足を踏みこみ、
　　右手で対手の左拳を外側に払う。

敵：つづけて我の脇に右まわし蹴り。
我：左足を後ろに引いて、前かがみになり、
　　敵の蹴り脚の腿を右肘で突く。

敵：我の頭に右肘を振る。我、すばやく
　　左腕を曲げて敵の肘を防御し後ろに
　　半歩足を引いて距離をとる。

敵が右拳から攻撃を始めたときは、左右を替えて同じように反撃する。

（『虎王の指南書』より）

そんなにしつこいと、
――オジサン、もう、怒っちゃうから！
女先生の声がする。
「そう、そ、魔王《おに》をこらしめる猿のように動きまわるのよ！」（図5―4）

6 刀をふるう侍 サームーレイ・パウヤウ・カータナー

❖ヒーローはおれだ

チェンマイの昼下がり。裏町の辻のすこし広くなったところで、子どもたちが懐かしい遊びにふけっている。眺めているうちに、そのうちのひとりと目が合った。

「サワディー（こんにちわ）」

というと、サワディー・カッと挨拶を返し、合掌のかわりに両の拳を顔の横に構えてみせる。

「やるかい？」

少年は元気にいった。


——男児の遊びに、チャンバラとスモウのない国はない！

が、わたしの持論だ。そして、子どもの〝ごっこ〟といえど——いや〝ごっこ〟だからこそ、その民族特有の手足のつかいかたが顕著に見られる。それゆえ、〝ごっこ〟に混ぜてもらうのは、わたしの「アジアン武術研究」にとって欠かせぬフィールドワークの一環なのだ。

タイでは、クラビー・クラボーンごっこ、そしてもちろんムエタイごっこだ。クラビー・クラボーンでは、武器（だいたいは竹の棒）に加え、キックがとんでくる。それはまあいいとして、ムエタイになると、中学生ぐらいの年齢では〝ごっこ〟ではすまなくなる。プロのチャンプめざして稽古に励んでいるのがゴロゴロいますからな。甘くみると、熱帯がとつじょ北極にかわるような一撃をいただくことになる。と、いうわけで、わたしの対手《あいて》はお子ちゃまに限られる。と――

「オジちゃんはだれだい？」

「だれ、って……？」テツガクの根源を問われているようで、ドキリとする。

「だれになりたい、ってことさ」

「ああ、そういうことか」

わたしのガキ時代も、

「おれはムサシだっ！」

「なにをムサクルシイ、われこそは小ジローより十倍強いササキの大ジロー！」

「伊賀の影丸《かげまる》参上！」

「ハゲ丸だと、幕府のイヌめ。おれは抜忍《ぬけにん》カムイ！」

などと名のりをあげて、サムライやニンジャになりきったものだ。

こういう他者になり変わる遊びを心理学用語で〝パーソナル・プレイ〟という。女の子がままごとでお母さんになったり、男の子がそのお母さんの体を診《み》るエッチなお医者さんになったりする。アニメのヒーロー、ヒロインを演じるコスプレもそうだ。

いや、子どもたちばかりではない。プロのムエタイ選手も、もにゃもにゃ呪文を唱えてラーマやハヌマーンへと変身をはかろうとするではないか（第3章参照）。しかし、神様になるのは〝ごっこ〟では反則であろう。

「そうだな……」わたしは考える。

「フジワラかな」

図 6-1
ナレースワン Naresuan

ナレースワン（本文参照）は、じっさいは象戦の名手であったという。
王族が象に乗って出陣するとき、弓矢のほか薙刀、槍、三叉戟など幾種もの長柄武器を装備した。象の予期できない運動と連携した長柄武器術は、戦士にアクロバティックな能力と高度なバランス感を要求し、これが古式ムエタイの、敵の蹴り脚を踏み台にして跳躍するような特殊な身体操法の発達をうながしたとされる（そういえば、『マッハ!!!!!!!!』のトニー・ジャーも象使いの家系だ）。

伝説のキックボクサー、トシオさまだ。日本のキックボクサー藤原敏男はタイ本国のムエタイ・チャンピオンになった（一九七八年）最初の外国人である。わたしがはじめてタイを訪れた一九七九年には、フジワラの名はタイ全国にとどろきわたっていたものだ。

子どもたちは、

「おいらはナレースワン王子だ！」（図6−1）

「チャオスーア（虎王）、宮殿より参上！」（図6−2）

「ぼくはカノム・トム！　外人なんかやっつけてやる」（図6−3）

と、口々に名乗りをあげ、軸足のくりんと回転する一丁前《いっちょうまえ》のキックをとばしてきた。

❖ナレースワン伝説

ヒーローの数は多いが、ここではシャムの歴史にあってもひときわの光芒をはなつ最大の英雄、ナレースワンにしぼって話を

図 6-2　虎王 Chao Suer

アユタヤ 29 代目（または 31 代目）の王シー・サンペッチ 8 世（在位 1703 ～ 1709 年）のあだ名。たいへんな拳法オタクでみずからも名手であった。王子時代は水戸黄門さながらに庶民に変装してシャム中を漫遊し、王国のベストファイターと闘いつづけ、7 年間無敗のまま現役生活を終えた。
彼のテクニックが古式ムエタイの基礎になったともいわれ、20 世紀の作品であるが、彼を著者に仮託した古式の教則本もある（筆者がしばしば引用している『虎王の指南書 Tamraab Prachao Suer』がその本である）。
19 世紀前半にしるされた現存最古のムエタイ教則本のイラストから『虎王の指南書』に合致する技をいくつか紹介する（番号は教則本のイラストの順）。「　」内は『虎王の指南書』にある技名と説明。

⑥ **「はね返される光輝」**（蹴りを前蹴りで防御）
「この技は、敵の蹴り脚を蹴るもので、蹴りに対する防御として用いられる」
⑦ **「足で顔を拭く」**（顔面への蹴り）
「手で敵拳を払い、顎に前蹴りを放つ」
⑨ **「エラワン象の首を折る」**（首を捕っての膝蹴り）
「手で敵の首を捕り、頭を引き落として、膝で敵の顎や胸を蹴る」
⑪ **「上／下に運ぶ」**（両手を封じての膝蹴り）
「この技は、敵の両手を捕って、胸か腹を膝蹴りする攻撃に用いられる」
⑯ **「矢を折るラーマ」**（肘を極めて内掛けに倒す）
「この技は、敵の後肘（バックエルボー）を捕り、捻り上げて肩を極めるために用いられる」
⑰ **「腓を捕るハヌマーン」**（足を捕って押し倒す）
「敵の蹴り脚を捕るか、その下をくぐるかし、（できれば軸足を踏みつけ）顎や胸を押して倒す」
⑳ **「風車に吹きつける風」**（敵の蹴り足をすくい捕って投げる）
「敵の蹴り／膝蹴りを身をひねってのがれ腕を膝裏に挿し入れ、一方の手で敵の首かうなじを捕り、頭を地面に叩きつける」
㊻ **「燈火を消す」**（敵の突きをはたき落として突き返す）
「この技は、顔面に放たれた敵拳をそらすもので、突きに対する防御として用いられる」

⑨からはムエタイの真髄のひとつである首相撲から膝蹴りのセオリーがすでに完成していたことがうかがえる。
⑪グラブを用いない古式の手さばきには、さまざまなバリエーションがある。
⑯古式には、こうした関節技、あるいは関節と打撃の複合技が豊富にある。

⑥「はね返される光輝」
（蹴りを前蹴りで防御）

⑦「足で顔を拭く」
（顔面への蹴り）

⑨「エラワン象の首を折る」
（首を捕っての膝蹴り）

⑪「上／下に運ぶ」
（両手を封じての膝蹴り）

⑯「矢を折るラーマ」
（肘を極めて内掛けに倒す）

⑰「腓を捕るハヌマーン」
（足を捕って押し倒す）

⑳「風車に吹きつける風」
（敵の蹴り足をすくい捕って投げる）

㊻「消灯」
（敵の突きをはたき落として突き返す）

図 6-3　カノム・トム Khanom Tom

1767 年、ビルマ軍はシャムの王都アユタヤを完膚なきまでに破壊しつくし、住民 1 万人をビルマに連行。そのなかに拳法名人カノム・トムがいた。彼はビルマ王の御前でビルマの勇士 10 名をつづけざまに破ってみせ、解放される（これは実話）。上図はカノム・トムが得意としたとされる頭突き——。

池に飛び込む仙人 Ruesee Mud Sra

これは、軀を水平にして跳び、対手を攻撃する貴重な技である。

敵：ガードし、間合に入る。

我：敵のガードの隙間に両手をこじ入れて外側に払い、軀が地面と平行になるように跳んで、対手の顔面を頭突きする。

これを会得するには、跳躍し、草や布団でこしらえた、ひとがたに頭をぶつける稽古をせねばならぬ。まことに強力ではあるが、宙で止まったり、ゆっくりと落下することはできぬので、使用者にとっても危険な技であることをわきまえねばならぬ。

（『虎王の指南書』より）

進めることにする。

彼は、わが国の信長や秀吉、家康と同時代の人物で、アユタヤ王国の第二十一代目の王である（在位一五九〇〜一六〇五年）。

彼が王子のころ、シャムは隣国ビルマのタウングー朝に征服された。ナレースワンは人質としてビルマに連行されることとなるが、こんにちのタイでひろく膾《かい》炙《しゃ》されている伝説によると、得意のムエタイを用いてビルマ王を心服させ、人質の身分から解放されたという。「秘伝」誌二〇〇五年三月号に掲載された岡本典久氏の「古式ムエタイの世界」からその部分を引用させてもらう。

ビルマ側に人質として七年間もとらえられていたナレースエンだが、その武勇は天下に轟いていた。ビルマ王はこれを不服とし、最強の兵士をナレースエンと対決させ、「この男に勝てたら、自由を与えよう」と約束した。

両者の戦いは武器を使わず、素手で行われた。選ばれた兵士は国の名誉を背負って、ナレースエンに襲いかかった。ビルマにも民族武術としてのビルマ拳法があり、両者の戦いは凄惨を極めた。だが、ナレースエンは得意とする肘打ちと膝蹴りを駆使して戦い抜き、最後は必殺の蹴りにより死闘を制した。

この勝利によりナレースエンは一五七一年にアユタヤに帰国。一五八四年にはアユタヤを解放し、その後国王となり、アユタヤ王国を大いに繁栄させたのである。

カノム・トムの話が混ざったのか、ナレースワンが十人、ないしは十二人の兵士と素手で戦い、そのすべてに勝利した、とするバージョンもあるが、おそらく史実は異なる。彼がアユタヤに帰国できたのは、父王が娘（ナレースワンの姉）をビルマ王に嫁がせたからとされる。彼の伝記は資料によって異同も多いが、以下は十九世紀前半に著されたナレースワンの対ビルマ戦記『タレーンパーイ』にもとづくものである。

ナレースワンが人質に取られたのは九歳のときだ。

彼のビルマでの暮らしは、人質といっても虐待されるわけではない。それどころか王族の一員として宮廷で何不自由なく育てられた。養子といったほうがよい。

むろんビルマ側にもおもわくはある。ナレースワンはアユタヤの王族とはいっても嫡流ではなく、前スコータイ王朝の血筋である。ビルマは彼の父をアユタヤの傀儡《かいらい》王に仕立てた。そして支配地の有力者の子弟を招いて洗脳教育をほどこし故郷に送りかえす。現代にあっても、中国共産党が新疆《しんきょう》やチベットに対して行っている政治手法である。

彼は、ビルマの王族貴族の子弟とともに、武術を学んだ。タウングー朝の王都ペグーの、ブッダの遺髪を祀った由緒ある寺院の境内が道場であった。シャムがそうであったように、ビルマにおいても、仏教の僧侶が武術の開発者でもあったのだ。

ちなみにビルマ拳法の存在は、第二次大戦中、この国に進軍した日本兵にも知られていた。かれらは、これを、

——バンドー空手
と呼んでいる。

しかし〝バンドー〟は、ビルマ語で徒手格闘技の総称である。徒手はレスリングの〝ナバン〟と、拳法である〝ラウェイ〟に大別される。

いっぽう武器をふくめた武術全般は、〝タイン〟と称される。

伝統的なラウェイは手技を主とする拳法である。ビルマ人は男女身分のへだてなく、畳ほどの大きさの布の両端を縫い合わせたロンジーという下衣を日常着としている。ようするに、直径六十センチの筒のなかに脚をつっこんでいるような状態だから、大きく開脚することができない。ために拳、肘の手技を中心とする拳法が発達したとされる。蹴りは関節蹴りやダウンした対手を踏みつぶす低い技にかぎられる。そして、舞うがごときゆるやかな所作を見せ、それに惑わされると、電光石火の攻撃をしかけてくるのだ。

僧侶の師は、

「弱い者いじめをしてはならぬ。むやみに武技を見せびらかしてはならぬ。私闘に使ってはならぬ」

と戒めた。

けれどもバンドーは、ナレースワンにとって、日々くり返される厳しい稽古であると同時に、楽しい〝ごっこ〟でもあった。コブラが近づかぬよう孔雀を放し飼いにした王宮の中庭で、義弟のミンチットがしかけてくるのだ。

彼はビルマ王バインナウンの孫で、ナレースワンより五歳年下である。シャムの少年を兄者と呼び、どこに行

くにもついてくる。

ミンチットが自分の腿を平手で、パン、とはたく。やろうぜ、という合図である。

ナレースワンも自分の腿をパンと鳴らし、おう、と応える。

「朕《ちん》はアノーヤターであるぞよ！」

ミンチットは、ビルマ族最初の統一国家を建てた神話的な王を名のった。

「予は……」

わたしは誰であろう？　ビルマ人のなかにあって、シャム人の名のりを上げるわけにはいかない。少年ながらも、そのくらいの分別はあった。

「予は、ナレーシュワラなり！」

と、彼はいった。人民の王を意味する梵語である。ナレースワンはそのシャム訛りだ。彼がこの号を用いるようになったのは、このときからかもしれない。

ミンチットがいきなり派手なパンチを放った。シャムでは蹴りだ。が、ビルマの〝ごっこ〟はたいていスウィングから始まる。

ナレースワンはそれを無造作にかわし、つづくパンチも難なくさばいた。しかし、対手は五つも下の幼児だ。ミンチットのよちよち歩きに毛の生えたような足払いにわざと転んでやった。ミンチットが馬乗りになり、手刀を義兄の首にあてて掻き斬るしぐさをする。

「む、無念」ナレースワンはうめいて、しばし死んだふりをした。

ナレースワンは十三歳になった。日本でいえば、そろそろ元服する年ごろである。

武術の稽古も高度なものになった。王者の武術とよばれる象戦《ぞういくさ》の演習もする。この場合、稽古場は、寺院の境内から広々としたシッタン川の河原に移される。教師も、僧侶から専門の武術士官に変わった。

象の背にくくりつけた輿《こし》に載って、長柄《ながえ》の武器――槍や薙刀をふる。長柄を執る前の手は回転の支点に、後の手は穂先のコントロールのために用いられる。梃子《てこ》の原理が刃にパワーを与える。手の内でしごくことによって、刺突《しとつ》も可能となる。とはいえ、地震のように揺れる台の上でバランスをとることは至難の業だ。だが、象の動きにうまく拍子を合わせると、強大な象の力そのものを穂先に転移することができることを彼は悟った。

ナレースワンは十五歳になった。彼は、属国に派遣される一指揮官というかたちで、アユタヤに還されることになった。姉がビルマ王に嫁ぎ、そして十歳のミンチットとは固く抱き合い、別れを惜しんだ。

「兄者、また会えるよね」

と義弟は泣きじゃくって、ナレースワンの胸を濡らした。義兄はその頭をやさしく抱いて、ああ必ず、とうなずいた。

十年間、彼はビルマのために働いた。ビルマの将校として、ラオスやカンボジアの攻略に携わった。しかし、二十五歳になるや、

「アユタヤはタイ（自由）である。もはやビルマの属国ではない！」

と、とつじょ叛旗をひるがえすのである。それまでひたすら雌伏のときを過ごしてきたのか、それともシャムに戻って民族の血が滾《たぎ》ったのだろうか？　おそらく両方であろう。人の心には、つねに矛と盾のふたつが同居しているのだ。

彼は、小さな部隊を用いてゲリラ戦をしかけ、ビルマ軍の体力を削いでいく戦いをしつこく展開した。しかし、彼のたてる作戦を実行に移すことのできる兵は、ビルマの占領軍に武術を禁圧されたシャム人のなかにはいない。

❖シャムと日本をつなぐ人々

サームーレイ※と称する集団が、彼の手足となって働いた。海を渡ってやってきたが、ファラン（西洋人）と異

なり、シャム人とよく似た風貌をしている。額を剃りあげてモンコンの房のような髻《もとどり》を結った呪術師のような不気味ないでたちをしているが、鉄砲をふくめた戦闘術に長け、きわめて剽悍《ひょうかん》である。

ナレースワンはつねにサームーレイ百数十名をしたがえながら、ビルマ軍に忍び寄り、これを撃破していった。

一五九三年、ビルマは象千頭をふくむ大軍をアユタヤに発し、ナレースワンを押しつつんで殲滅する手に出た。『タレーンパーイ』には二十五万の軍とあるが、いくらなんでも多すぎる。話半分の八掛けで、せいぜい十万程度であろう。それでも雲霞《うんか》のごとき軍勢である。

ナレースワンは、サームーレイ五百人を主力とする部隊をもって、スパンブリーの野でこれを迎え撃った。かれらは果敢に戦い、多くの犠牲者を出すが、大軍を細かく分断するというナレースワンの作戦をみごと遂行した。

ナレースワンは、数百の兵に守られるだけになった敵の将軍に向かって、

「ビルマの神王《しんのう》アノウラータよ!」と、大音声に呼ばわった。

「ここに来て、われ、ナレーシュワラと一騎討ちで戦え! タウングーの宮廷で仕合ったときのように」

「おう!」という応《いら》えとともに、逞しい武人が象に乗って進み出た。

義弟のミンチットがいた。二十二年ぶりの再会であった。

ミンチットは輿の上に立ち上がり、自分の腿を平手で、パン、と叩く。

やろうぜ、といっている。その弾んだ響きには、懐かしさと親愛の念がこもっていた。

ナレースワンも同じしぐさで応えた。

二頭の象が鮮やかな旗をなびかせて突進し、二振りの薙刀が烈しく斬りむすぶ。

ついにナレースワンの刃が義弟の首筋をとらえた。ミンチットは象から転げ落ちた。義兄はダーブ(刀)を抜

※注 Saamuurai:日本語の「さむらい」の音写。タイ語の辞典には「アユタヤ時代の日本の軍人、および日本刀」とある。

いて象から飛び降り、その首を掻いた。彼は義弟の頭をふたたび固く抱きしめた。ミンチットもあふれる血潮で、兄者の胸を濡らした。

大将を失ったビルマ軍は雪崩《なだれ》をうって敗走し、ここにシャムの完全独立が達成された――。

けっきょくのところ、民間に流布しているナレースワンの伝説では、ビルマの大軍が最強の兵士に、レジスタンスの小部隊がナレースワン個人に、戦争が格闘にと、けた違いにスケールダウンしているのだ。

しかし、だからこそ、ナレースワンは、大昔の厳《いか》めしい神王から、タイの万人がいまもって胸に抱きしめることのできる物語のヒーローとなりえたのであろう。どうじに彼の物語は、ムエタイがたんなる格闘術ではなく、タイ人のアイデンティティの核のようなものを背負っていることをも如実にしめしている。なお〝タイ〟とは自由の意であり、〝ムエタイ〟ということばそのものが「自由のための闘い」とも解釈されうるのだ。

また筆者としては、ナレースワンの独立戦争をささえたサームーレイの戦国武術が、その後のクラビー・クラボーンや古式ムエタイに影響を与えなかったはずはない、と確信しているのだが……。

※

シャム武術史を知らずしては古式ムエタイも理解できないと考え、三章にわたって回り道してしまった。次章から古式の体系と技法を詳しく見ていくことにする。

7 師なる構え　ターク―

❖チャイヤーラット道場

「たのもう」と訪《おとな》う。

「おう」

と応《いら》えて、藍染めのパンツをはいただけの裸の青年が現れる。いや、正確にいえば、頭にいにしえの呪術師や死刑執行人がつけたという鉢巻（モンコン）をかぶり、上腕にはおまもりの呪符（ヤン）をしるした布（パーチエッ）を巻いている。

「こちら、パフユッ（シャム拳法）の正統を伝える道場とうかがい、稽古を見学したく参上いたしました。あるじにおとりつぎを」

わたしはムエタイ・ジムの老トレーナー、モーさんに書いてもらった紹介状を託した。

「しばし待たれよ」

かような会話がふさわしいバンコク東郊のトゥブ・チャーン村。

椰子の木立、バナナや檳榔樹《びんろうじゅ》が群れをなし、その茂みのうしろに村人たちの高床家屋が見え隠れしている。喧騒と排気ガスにあふれたバンコクのすぐ近くにあって、しかし開発の遅れたこの村に身を置くと、何百年も昔にタイムスリップしたような気がするのだ。

さきほどの青年が現れ、まいられよ、と民家の庭に案内された。

広々としている。庭というより野原という感じだ。隣家との境に熱帯の樹木が生いしげって、藪をなしているのだ。

庭は芝生で、テニスコートほどのスペースを、高さ三メートルほどの竹のポールが囲っている。ポールとポールの間にロープが張りめぐらされている。日本でいう注連縄《しめなわ》なのだろう。結界されたその内側が、おそらく道場なのだ（図7―1）。

そして、その青空道場で、案内の者とおなじ恰好をした青年が四名、二人一組になって、烈しい撃ち合いをしている。それも、左右の手に一刀ずつ執った真剣で――。

いや、模擬刀かも知れぬが、合わせて八本の刀が目まぐるしく回転し、鉄と鉄がカンカンと硬い音をたてて嚙みあい、青白い火花を散らしている。

（ここって、旧《ふる》いムエタイの道場なんだろ？　なぜ、刀なんだ……）

「やめえ」

号令がかかる。

「わしが当チャイヤーラット道場の師範（アーチャーン）、トーンラウ・ヤールライである」

ステテコにランニングを着た中年男が名のった。身長はタイ人としてはふつうだ。すらりとした体格で、顔も長い。

青年たちが集り、横一列になって腰をおろす。正座に似ているが、つま先を立ててかかとを浮かし、その上に尻を載せるという坐りかただ。刀は左脇の地面に置く。

わたしは来意を告げた。

図 7-1　チャイヤーラット道場 Chaiyaa-rat Camp

古式の道場は青空道場であった。ときおり、放し飼いの軍鶏（シャモ）が遊びにくる。なお、日本のシャモは江戸初期にシャムからもたらされたためこの名があるが、本場の純血種は日本のそれとかなり様子が異なる。人間のように背骨をピンと伸ばして直立し、いかにも獰猛そうな面がまえをしている。闘鶏のリングに立っては、後ろまわし蹴り、かかと落としの使い手でもある。

「それで、パフユッを見に、わざわざタイにやって来た――というのかね？」

わざわざ？　パフユッのことは偶然知ったのだが、モーさんの紹介状にそう書いてあるのだろう。

「はい」せっかくだから、そう答える。

「むかし、そうやって日本人はタイからムエタイを盗んでいって、キックボクシングとやらをでっちあげた――」

師範は顔をしかめた。ムエタイが〝タイ式キックボクシング〟呼ばわりされることに不快の念をおぼえるタイ人は多い。かれらにとって、ムエタイは神聖な国技、キックボクシングはその海賊版なのだ。

「いえ、そんなつもりは……純粋にパフユッを知りたいと」

「ははは、冗談じゃや、気にすることはない。ムエタイが国際的に有名になれたのは、日本のキックボクシングのおかげだ。パフユッもそうなれば、ありがたいことだ」

「はあ」

「それで、きみも何かやっておるのだろう、ケンドーかカラテか？」

「いえ、ちょっとかじっているだけです」

「うちの子とやってみなさい」

ラエム、と師範は弟子の名をよんだ。はい、と案内してくれた青年が立ち上がる。四角い、いかにも気の強そうな顔をしている。

「ここに来てまだ二ヵ月の、うちではいちばん新しい子じゃ」

「で、でも……」

わたしは尻込みした。真剣の稽古を見たばかりだ。

「素手じゃ。お客さんに怪我をされてはたいへんだからな、マス（寸止め）でいい」

ラエムは、作法どおりに、試合前のワイクーを始めた。

たしかに、いきなりやって来て、稽古だけ見せてくれ、というのも虫のよすぎる話だ。

カーン、と試合開始を告げるゴングが頭のなかで鳴った。

ラエムは、左手を額の前にかかげ、右手は胸もとにひきつけている。やや半身《はんみ》になって、腰は沈められている。歩幅のせまい立ち腰で、両手で顔面をガードする今のムエタイの構えとは、まるで違う。

(シャム拳法って、どんな拳法なんだ?)

まったくの未知数だ。こちらは——、

(にわか仕込みのムエタイは捨てる。キックにだけ気をつけて……)

地を蹴って、ボクシングで突っこんだ。

ワンツー、ワンツー、ワンツースリー。

ワンツー、ワンツー、フック、アッパー。

ワンツー、ワンツー、ワンツースリーフォー。

ほとんど息を止めて、腕の回転数を上げる。速射砲のような連打。対手《あいて》が素人であれば、もっとも効果的な攻撃だ。

果たしてラエムはへっぴり腰になり、ずるずる一直線に後退する。

(なんだ、こいつ、弱いじゃん)

やっぱり初心者なんだ。わたしは図に乗って攻めまくった。さすがに顔面は遠慮したが、腰を左右にひねりながら、ボディに数発パンチを入れる。寸止めの約束どおり、軽く小突くていどだ。

師範の声がした。「めまい」と聞こえる。

なんのことだ? まさか目眩《めまい》ではあるまいが、その言葉でラエムにスイッチが入ったようだ。闘いかたを思い出したのだ。

わたしの右ストレートを身をまわして外し、ふりむきざまに手刀を一閃する。スウェイバックしてかわしたが、遠心力に乗った手刀はグンと伸びてくる。胸に当たった。もっとも角度が逸れているから、ダメージはない。

わたしは、後ろに反らした上体をもどす勢いで、左ストレートを放つ。ラエムは、さっと左側に回りこんだ。そのとき、わたしの拳を小手に巻く。そして右手で肘を押した。関節を極めにきたのだ（図7-2）。わたしは前方の芝生の上にダイビングしてのがれた。

ぞっとした。対手が初心者で、左手のつかみが甘かったから助かったものの、これも全身の回転力を利用しているから、うまく極められれば、肘か肩が瞬時にしてスクラップにされてしまう。

距離をとった。

ムエタイとはやはり違う。

それに、ヤツはかなり本気になっている。

目を怒らせて、なにかの技をねらっている顔だ。そうした気配をもろに放っている点が、まだ未熟ではあるが。

しかし、迂闊に攻めることはできない。

と、こんどはラエムからしかけてきた。

左ストレート。それを右の手刀で払い、足を送って同じ手で面を打つ。カウンターに決まった。当てる瞬間力を抜いたからダメージはないはずだが、勢いのまま腹から体当たりし、対手をふっとばした。

無意識に出た剣道の小手・面の呼吸だった。高校時代にやったボクシングより、小学校から始めた剣道のほうが、ずっと体に馴染んでいたのだ。

ラエムが起き上がる。

図 7-2　魚の互え歯 Salab Fan Plaa

敵の拳の外側に入身して、打撃や関節技で反撃する技。

敵：前に踏みこむと同時に、我の顔面に左拳を突く。
我：右足を右斜め前に一歩進めてのがれる。そのとき、右手で対手の上腕を圧し、左手で手首を捕り前に引くべし（これは敵の腕を折る所作である）。
（『虎王の指南書』より）

※これは古式の核となる技（メーマイ）のひとつで、古式流派ごとに解釈が異なる。詳しくは後述する。

「めまい、めまい」

師範がまた呪文をつぶやく。

わたしは色気を出して、まわし蹴りを放った。左のミドルだ。

ラエムがその腿を右足で前蹴りする。ダメージを与えることを意図したものではない。ムエタイでもよく見るストッピングの技術だ。が、そのあとが違う。左足で地を蹴り、ジャンプする。しかし、体勢をくずして後ろに落ち、尻餅をついた。

（こいつ、なにをするつもりだったんだ……？）

また、ぞっとした。

「それまで」

ラエムは立ち上がり、わたしと師範に向かって合掌した。

❖最初のレッスン

師範は、スパーリングについては触れずに、

「きみは絵を描くのかね？」

と、きいた。これもモーさんの紹介状にあるのだろう。バッグからノートを出して、手渡した。

当時、わたしは東京のアートスクールに籍を置く画学生だった。二年間の休学を決めこんで、日本を飛び出したのだ。旅のおもな目的地はインド。タイは寄り道のつもりだった。

が、そのころインドは、カメラ・フィルムの持ち込みを規制していた。観光ビザでの入国は一人二十本まで。二年間で二十本だから、よほどのことがないと写真は撮らない。そのかわり、絵を描く。人、屋台、風景……目についたものは、なんでもかんでもスケッチする。

「ほう」師範がうなった。弟子の青年たちも近よって、指をさし、なんだかんだいっている。

そこには、モーさんに習ったムエタイの動作の詳細な図解がある。

構え、蹴り、ワイクー……その動きを見つめる。ひたすら凝視して、脳に焼きつける。部屋にもどって、鏡の前でその動きを再現し、ノートに描きとめる。そうして溜まった絵だ。

「霊鳥飛翔（ホン・ヒエン）に四面梵天（プロム・シー・ナー）か。たしかにイサーン式のワイクーじゃ」

「ここのワイクーとは違うのですか？」

「パフユッといっていたころのムエタイには、地方ごと道場《キャンプ》ごとに特徴があった。ワイクーや構えを見るだけで、その拳士の出身地や道場が知れたものじゃ。モー師はコーラート（東北タイ）の拳士でな、チャイヤー(南タイ)のうちの先代とも何度も闘った――」

師範は遠い目をした。そして、

「どれ、うちの構えも見せてやろう」

といって、足を閉じて直立した。「気をつけ」の姿勢だ。

❖基本の構え

この姿勢から、足をおおよそ肩幅に開き、左右の手首を顔の前で交叉させる。

右利きであれば――といっても、左右同じように使えるようにしなくてはならないが――左足を、右足と平行になるようにして、一歩前に進める。

そして、体と足を右側に四十五度ターンさせる。

左拳を上げ、眉間につける。それから拳を眉間の約三十センチ前に移動させる。脇はかるく締めるかんじだ。

右拳は顎の位置に配し、それから前方――左前腕の真ん中から七、八センチ離れたところ――に移動させる。

右肘は体の近くにゆったりと保つ。

そして、腰を沈めて全身をリラックスさせる（図7−3）。

「この構えを『ジョドムエ（ムエの基本の構え）』という」と師範。

「が、同時に、『ジョドダーブ（刀の基本の構え）』でもある。刀でも拳でも同じように闘うのだ。つぎに——」

と、左膝を左肘につくまで上げた。つま先も上に向ける。

「これが『タークー（師なる構え）』。片足でしっかりと立てるようになることが肝心じゃ」（図7−4）

師範は足を下ろすと、わたしのノートを取り上げ、

「これを、絵にして明日また来なさい」

「えっ？」

「きみは、あとどのくらいタイにいるのかね」

「一月《ひとつき》ほどを予定していますが」

「毎日来なさい。パフユッの基礎を教えよう。きみは、それをすべて絵にするのだ」

「毎日……ですか？」

「さよう。きみはそのためにタイに来たのだろう」

「……」

予定していたチェンマイやプーケットへの旅は潰えた。

「基礎といっても、パフユッの精髄《エッセンス》となる技術じゃ。もちろん一月で会得できるものではない。が、絵にして残しておけば、タイを離れてもパフユッについて念《おも》いをめぐらせることができる」

※

図 7-3　構え

ムエの基本の構え　刀術の基本の構え　現代ムエタイの構え

基本の構え――パフユッ（チャイヤー式）の構えは刀のそれに等しい。

足：両足を並行に揃え、均等に体重をかける。右足と左足を結ぶ直線の中心に重心を置く。

膝：対手の動きや攻撃にすばやく反応できるように、両膝を軽く曲げる。膝の上下の筋肉はリラックスさせる。

体の向き：対手にたいしてやや半身になる。

手：片手は、盾を執るように、やわらかく握って、額あたりの高さに上げる。もう一方の手は、刀の柄を執るつもりで胸の高さにあげ、腋をしめる。

半身になるのは、対手から体の正中線に並ぶ急所を護るためである。

体重を両足に均等にかけるのは、前後左右のどの角度から攻撃されても対処できるようにするためだ。

ボクシングでもこれは同じで、「キンタマに体重をかけよ」という口訣がある。

ついでにいえば、ボクシングでは腰を回転させてパンチを打つが、協栄ジムでは「ポコチンを軸にして腰を回転させよ」と教えるらしい。

また脚に限らず、全身の筋肉をリラックスさせないと、余分な力が入った筋肉が動作を反射的に制御してしまい、敏捷な動きが不可能になるばかりか、力が半減することになる。

いっぽう、現代ムエタイでは、体を正面に向け、立ち腰になって後足に体重をかけ、両手を顔の横に置く。これはキックを出すことと、対手のキックをよけることを最重視することから生まれた構えである。

図 7-4 「基本の構え」と「師なる構え」

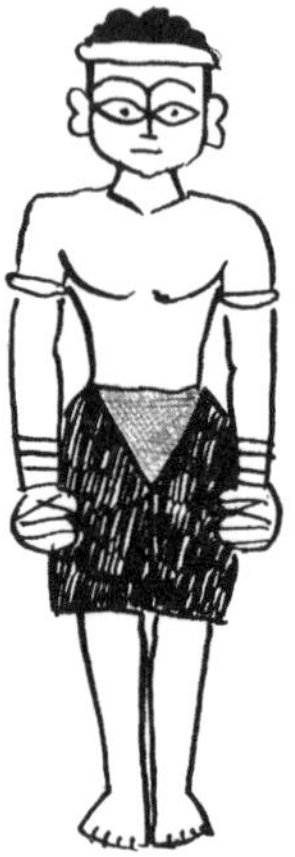

①足を閉じて直立

②足を肩幅に開き、手首を顔の
前で交叉させる。

③左足を一歩進め、半身になる。
（基本の構え Jod Muay）

④左膝を上げ、左肘に付ける。つま先も
上げる。（師なる構え Tah Khru）

いまにして思えば、絵にして残しておきたかったのは、ほんとうは師範のほうだったのかもしれない。

あとで知ったことだが、じつは、このときパフユッ（〝古式ムエタイ〔ムエボーラン〕〟という言葉はまだなかった）は、絶滅の危機に瀕していたのだ。継承しようという者がほとんどいないのだ。法律上、試合のできない伝統武術ではメシが食っていけないため、才能ある若者はムエタイの門を叩く。

それでも、モーさんのいう「パフユッを昔のままに伝える仙人みたいな偏屈ジジイ」（第3章参照）が健在のころは、プロの選手が彼に稽古をつけてもらうために訪れた。先代のケット・シーヤーパイ師が、ムエタイの歴史を体現するカリスマだったからだ。腕試し（つまり道場やぶり）にくる現役ランカーも絶えなかった。先代の技倆は晩年になっても衰えず、道場やぶりのことごとくを古式の技で退《しりぞ》けたという。

しかし、彼は昨年（一九七八年）、七十六歳で亡くなっていた。

いま門弟はここにいる五名がすべてで、かれらは大学に通う武術愛好家《オタク》たちである。

8 武器の精神 チャイ・アーウッ

❖ドリアン拳法

古式ムエタイのチャイヤー拳法では、両膝を曲げ、腰を低くおろし、小さく構える。手は片方を前に配し、両拳と前足を結ぶ線は狭い逆三角形を、両肘と前足を結ぶ線は広い逆三角形を描くようにする。これが、ジョドムエ（基本の構え）である。

攻撃するときも、四つの肘膝は曲げられている。四肢が完全に伸ばされる、ということは決してない。

「体のなかでいちばん硬いところが肘と膝じゃ。その肘と膝で、敵のパンチや蹴りを封じる。ブロック即、攻撃。この肘膝を、ドリアンの実をつつむ鋭いトゲにたとえ、チャイヤー式のことを〝ドリアン拳法（ムエトゥリアン）〟とよぶ者もおる」

と、トーンラウ師範は説いた。ドリアンは、人の頭ほどの大きさのある熱帯アジアの果物だ。ナチュラルチーズのごとき甘《うま》い果肉を、堅くて鋭い木質のトゲが鎧《よろ》っている。

「そして、チャイヤー最大の守りにして攻めの構えが、タークー（師なる構え）である」

師範は、左膝を高く持ち上げ、一本足で立つ。

「敵のパンチは、手、肘でさばく。蹴りは左膝でブロックする」

たしかに、右のまわし蹴りに左膝は有効であろう。だが、

「左で蹴ってきたらどうするのですか？」と、わたしはきいた。

「では、蹴ってみなさい」

「はい」

右前に構え、蹴ろうとしたその瞬間、腹に衝撃が疾《はし》った。師範は、浮かせていた左足ですばやく前蹴りを放ったのだ。

「蹴りにくる脚の腿、あるいはみぞおちや軸脚を蹴ってやる。キンタマを狙うのもいい」

蹴りを出すには、予備動作が必要だ。片足を浮かせたタークーは、その予備動作をあらかじめ済ませた構えだ。だから、瞬時にして蹴りが出せる。

「上げた足を任意の場所に踏み出し、継ぎ脚（前足を進め、後ろの足を引きつけるという歩法）で二、三歩前進し、逆の足を上げて構える。それが、うちのヤーン・サーム・クム（フットワーク）じゃ。基本の構え（ジョドムエ）、師なる構え（タークー）、三歩制圧（ヤーン・サーム・クム）の三つの基礎は、完全に修得されねばならぬ。いまのムエタイでは半年も練習すればリングに上げてもらえるが、わしのころは、最初の二、三年は、構えと歩法の稽古だけをやらされた――」

これには二つの狙いがあった、と師範はいう。

入門志願者の忍耐と熱意を試し、どうじに古式の歩法を会得させる。足の運びには、戦士の技倆がもっともよくあらわれる。これに精通した者は、望むままの方法で、対手《あいて》の攻撃に対処することができるのだ。

「この一見容易に見える歩法のなかに、基礎からもっとも高度な技法まで、無限のバリエーションがふくまれておる。まずは……」

師範は、タークーを命じた。

「片足でしっかりと立つことを覚えねばならぬ。足の裏から根っこを生やしたつもりで、グラつくことなく、何分でも立っていられるようになることが肝心じゃ」

というわけで、他の門弟たちがチャンバラの稽古に励んでいるさなか、わたしは教室の隅で立たされる出来の悪い生徒のように、ひとり案山子《かかし》のマネをするはめになった（図8－1）。

なかなかキツい。一、二分もすると、軸脚の膝が笑い出す。腹筋が力を失い、上げた足が十倍も重くなる。汗がダラダラと流れる。

と、青空道場を縁どる藪から、奇怪《きっかい》な生きものが現われた。

ぶっとい二本の足でピョコピョコはねている。

身長は五十センチほどしかないが、人間みたいにピンと背が立っている。

首はひょろ長く、トカゲみたいな顔つきをしている。

しかしトカゲの目は冷たい。冷血の爬虫類だからだ。が、そいつの目は熱い。ただし、街のチンピラみたいに目つきが悪い。

片足をスッと上げた見事なタークーをしめし、わたしに凶悪な眼《がん》を飛ばす。

「な、なんなんだ、こいつは……？」

怪物は、ケケッ、とうなって威嚇《いかく》した。

わたしは文字どおり腰を抜かして、尻餅をつく。後ろにいざって「道を譲る」と、怪物は、コケッ、と啼いた。声でようやくニワトリと知れた。二羽の雌鶏《めんどり》と四羽の若鶏がバナナの茂みから現われた。彼は家族をしたがえ、威風堂々と歩み去っていった。

師範と門弟たちが笑っていた。

図 8-1　師なる構え Tah Khruu

A　シャム武術では、蹴りを含め、片足立ちになることが多い。長時間、この姿勢を保持できるようにする。腹部の深層筋（インナーマッスル）の鍛練にもなる。また呼吸法と併せることによって、気（Chi Kung）を開発する訓練にもなる。

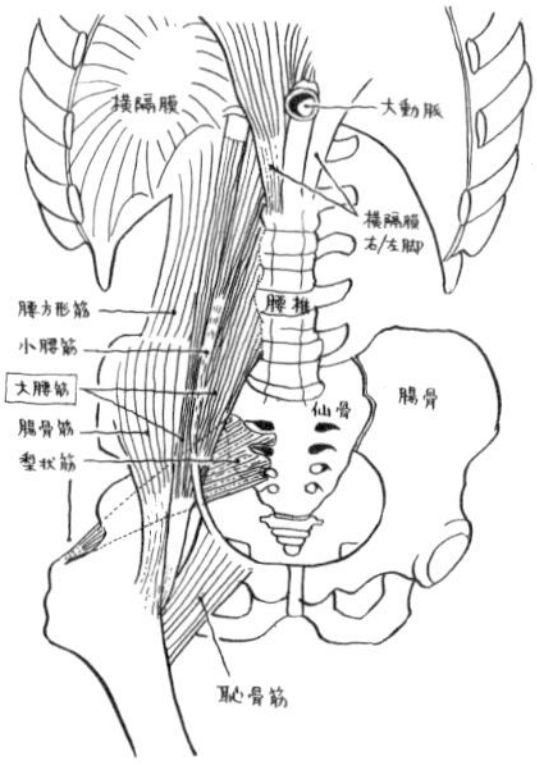

B　腹部の深層筋（インナーマッスル）のなかでも、最近とくに注目されているのが脊椎の内側にある大腰筋。脊椎から骨盤を通って脚まで達している。「師なる構え」でこの裡なる筋肉を鍛えることによって、蹴りにものすごいパワーが乗るようになる。

C　対手のまわし蹴りを脛ブロックして、カウンター。「師なる構え」を訓練することによって、片足でも勁いパンチが出せるようになる。

D　左足を上げた「師なる構え」から、このように左膝を右に向けることによって、対手の左ミドルをブロックする方法もある。

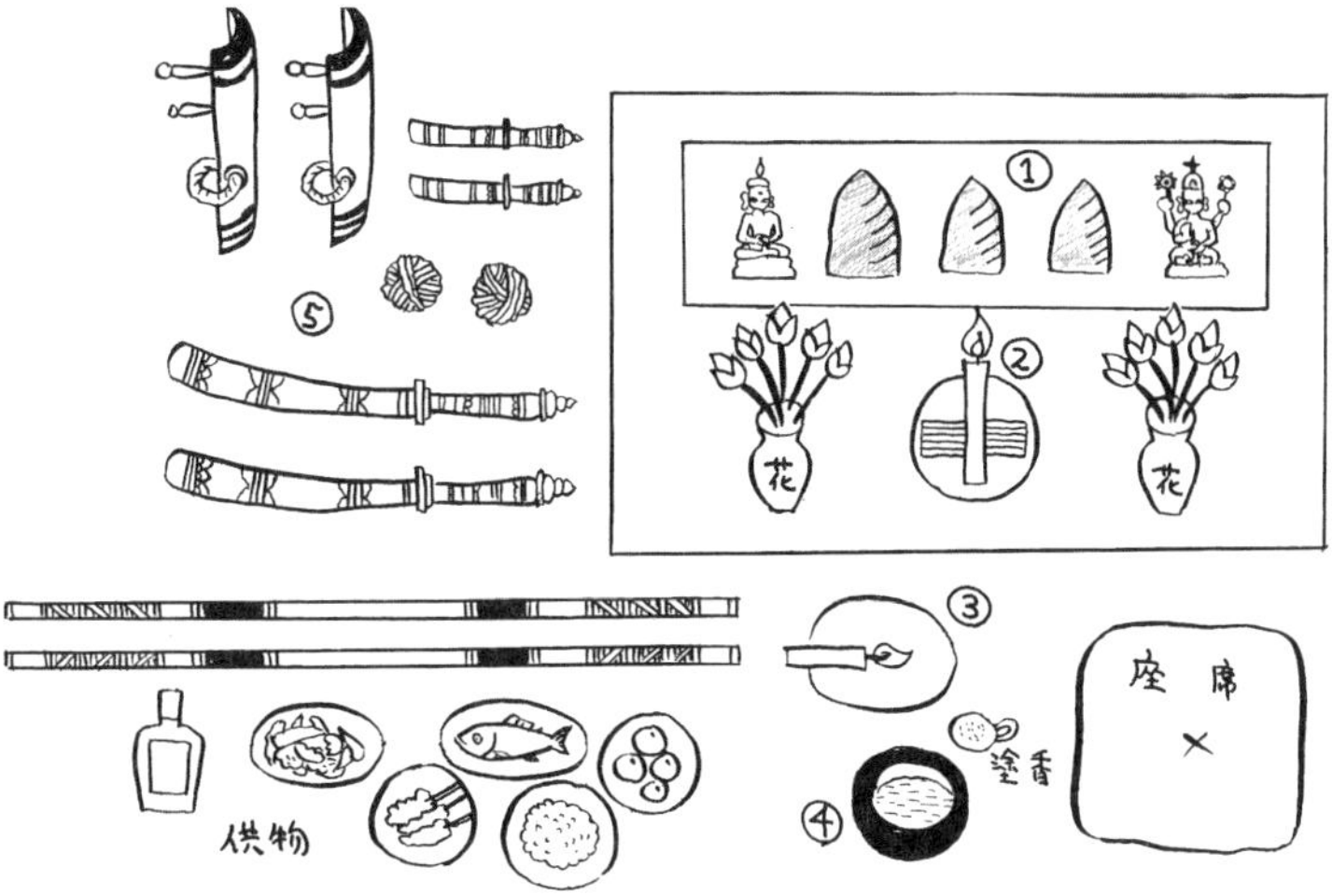

図 8-2　祭壇

①御神体（左からブッダ、赤布で表わされたチャイヤー武術の 3 祖師、ヴィシュヌ）
②教師を象徴する黄色い蠟燭と、筏のように並べられた線香（教師は渡し守に喩えられる）
③自己（入門者）を象徴する白い蠟燭
④鉢に満たされた聖水
⑤チャイヤー武術で用いられる武器（中ほどの丸いものは、拳に巻く綿紐）
――古式ムエタイが「徒手を強調するクラビー・クラボーン」であったことがうかがえる。

❖入門式

門弟はみな大学に通う学生だ。ために、稽古が行われるのは夕方の二、三時間である。

三日目の午後四時、道場におもむくと、その五人の門弟たちが門の前で拍手してわたしを迎えてくれた。

「？」

庭にまわると、昨日はなかったものが目にとびこんだ。座卓に白い布をかけた即席の祭壇だ。上には仏像、ヴィシュヌ神（ラーマ）の像、そして赤いハンカチ状の布をねじって蜷局《とぐろ》を巻かせたものが三つ、花や蠟燭とともに飾りつけられている。供物のご馳走もある（図8－2）。

白い腰巻きをつけた師範が、おごそかな声でいった。

「これより、おまえの入門式をとり行う」

わたしはいわれたとおり、線香に火を点《つ》け、祭壇に三拝する。

師範は祝詞《のりと》をながながと唱えたあと、告げる。

「武術はたったひとつの起源にたどりつくことができる。すなわち、ラーマである。はるかな昔、ラーマは地上に混乱をもたらすすべての悪魔を征服したとされる。拳法や武器を学ぶ者はみな、おのれをラーマの弟子とせねばならぬ」

「……」

「ラーマの霊に誓いなさい。弱い者いじめをしない。むやみに武技を見せびらかさない。私闘に使わない、と」

昔のムエタイとやらをちょいと覗き見するつもりが、ひどく大袈裟なことになってしまった、と思いながらも、

「わたしは、弱い者いじめをしない。むやみに武技を見せびらかさない。私闘に使わない」

と、復唱した。

「よろしい。ブッダが汝の誓約の証人である」

師範は鉢に満たしてあった水をわたしの頭に注いだ。日本の密教でいう灌頂《かんじょう》である。

そのあと、用意していたモンコン（鉢巻状の冠）をつけてくれた。これには、さすがに身の引き締まる思いがする。

「これより、われらは親子である。ラーマの系譜の末席に列する兄弟である。さあ、皆のもの、それでは大いに飲み食いし、語り合おうではないか」

後ろで控えていた門弟たちが歓声をあげた。

❖シャム武術の正統

白いごはんがある。トムヤム・スープがある。焼き魚、豚肉と野菜の炒め物がある。タイの大衆酒メコンウイ

スキーもある。供物のお下がりをいただくのだ。

まず、師範がガイヤーン（ローストチキンのごときもの）をナイフで切り、

「これは、ラーマにより彼のすべての弟子に与えられるものなり。それゆえ、汝は力強くあり、永《とこしえ》に幸福を楽しむべし」

と唱え、われわれに分けた。鶏肉にはブロイラーの臭みはない。鮮烈かつ濃厚な、日本ではちょっと味わえないうまみの快感だ。

「きみのかたきだ」

兄弟子になったラエムが笑った。わたしを脅したガイチョン（軍鶏《シャモ》）だというのだ。他の料理はメシ屋から運んでもらったものだが、このローストチキンはラエムが学校をサボって作ってくれたのだという。胸に熱いものが滾《たぎ》った。

「オレたちは、ラームカムヘーン大学の古武術愛好クラブのメンバーなんだ」

パヤオというなかなか二枚目の青年がいった。

「みんな、ブッダイサワン、ナレースワン、パダンシートなどの（クラビー・クラボーンの）古流派をかじっていたんだが、ここがシャム武術の正統をもっともよく伝えていると知って、去年（一九七八年）から指導を受けているんだ」

「シャム武術の正統？」

あるスタイルの正統というのであればわかる。しかし、諸流あるであろうシャム武術全般にまで範囲をひろげて、その正統というのはいささか主観に過ぎるではないか。

「そうではない」とパヤオは遮った。

「わが国の武術はすべて、ひとつの体系《システム》にもとづいているのだ」

十六世紀後半の十五年間、シャムはビルマの支配下におかれる。シャムを独立に導いたアユタヤ中興の祖ナレースワン大王が最初にやったことは、それまでビルマ占領軍によって禁圧されていたシャム武術の復興である。

大王は、少年時代をビルマで過ごしている。彼がビルマ武術を学んでいたことは疑いない。また青年時代、彼のかたわらには、つねに戦闘術に長けた日本人の傭兵サームーレイが侍《はべ》っていた。大王は、武術復興にあたって、ビルマと日本両国の武術を参考にしたであろう。

「サムライの武術が、ナレースワンの武術のもとになった、と？」

わたしは興を引かれてきいた。戦国末から江戸初期にかけて数多《あまた》の牢人が東南アジアに渡った。かれらとすれ違うようにして、日本には軍鶏がやってきた。シャムが訛ってシャモなのだ。日本の軍鶏は地鶏と交ざりタイの原種とはずいぶん雰囲気が変わってしまったが、シャムの武術でも同じことが起こったのではないか？　つまり、日本の武術が――

「もとになったとまではいえんが、なんらかの影響を受けていて当然だ。サームーレイがいなければ、アユタヤの独立も難しかっただろうからな」

パヤオは頷いた。のちにインドや中国の武術家とも話しあう機会をもったが、かれらは他国の影響を受けたことを認めたがらない。しかしパヤオは大学生ということもあってか、その説明は客観的で、理路整然としている。わたしがこれまで書いてきたことは、彼からの受け売りが多い。ナレースワン大王については、第6章で述べた。

「タイ人は、昔からいいものは何でも取り入れてきたからな。それをタイ式にアレンジする。オレは、日本の武術のことは知らんが、ビルマの拳法（ボクシング）のことなら少しはわかる。たとえば、膝蹴り――」

ビルマのそれは遠間《とおま》から放つ膝蹴り、ないしは〝フライング・ニー〟がほとんどだ。タイでは密着した距離か

図 8-3　腹を割かれた夜叉 Kumpan Pung Hok

現代ムエタイで〝ティー・カウ・トロン〟、古式で〝クンパン・プン・ホッ〟（腹を割かれた夜叉）とよばれる膝ストレート。古式の指南書には、

我：右膝を左側に向けて曲げ、身をひねり、敵の腹や胸を突きあげる。
防御するには、身をひねり、左肘を下げ脇をガード。反撃するには、右足で敵を蹴る。
左右同じように使えるようにする。

とあるが、実際には右手で対手の上体を引き寄せながら、膝を合わせるべきである。

らも〝ホップ・ニーズ〟とよばれるスキップするような膝蹴りをくり出し、脇や腿、腎臓を痛めつける。まっすぐに突き出す〝ストレート・ニー〟はしばしば致命的な損害をもたらす。現在のムエタイのリング禍の原因の第一がこれだ。膝が浮動《ふどう》肋骨《ろっこつ》を直撃することにより、肺に穴をあけて、対手を死に至らしめてしまうのである（図8−3）。

こうした変革は、一五〇〇年ごろに編纂されたシャムの武術と軍学の根本文献『チュー・パサート』（第5章参照）のパラダイムに沿ってなされ、『チュー・パサート』の内容もまた随時、更新された。ナレースワン自身も『チュー・パサート』に戦闘の二十一の規則を追加している。「もっとも、ナレースワン大王の加筆は、武術よりも用兵に関するものだ。サームーレイの戦闘術は、こちらのほうに反映されているんじゃないかな」パヤオはつづけた。

「とはいえ、大王が武術復興に着手されたことはたしかだ。そして、シャムの軍制は、アユタヤの昔から現バンコク朝の前半にいたるまで、国民皆兵が原則だった。武術は国家が管理し、武術の教師は『チュー・パサート』を教科書にして、男児を鍛えた。その意味で、シャム武術はたったひとつの体系にもとづいているのだ。逆にいえば、そうではない武術は封じられた」

「弾圧された、ということか？」

「そうだ。チェンマイ王国を知っているか。タイ族の国だが、アユタヤや現王朝とは別の国家だった。ラーマ五世に併呑されるが、そのさいチェンマイ独自の武術は禁じられた」

「ふうむ」

「ともあれ、ナレースワン大王が強調したのは、武器の精神だ」

「武器の精神――」

「うむ。『チュー・パサート』には、武器と徒手（ベアハンド）はひとつである、徒手であっても武器の精神で闘うべし、とある。武器であっても徒手であっても、同じ構えとフットワークで対処する。その訓練方法も書かれている。武器と徒手両方の基礎となる体術（ボディアート）は〝メーマイ〟とよばれている」

「めまい？」わたしとラエムが仕合ったとき、師範が口にしていたことばだ。

「メーマイ。メーはおっ母さんのこと。マイは技。つまり、技の母。実修者は、クラボーン（棒）やダーブ（刀）の稽古をする前に、身体を武器であると観じて訓練をしなければならない……」

腕を、敵を斬る二刀、ないしは刀と盾と観じる。

拳を、敵を突いたり斬ったりする長柄《ながえ》武器（槍や薙刀）の穂先と観じる。

脚を、敵を撃ったり攻撃をブロックしたりする長柄と観じる。

肘や膝を、敵をぶった斬る戦斧と観じる。

「武術のこの段階の訓練は、ムエとよく似ている。そのためブッダイサワンなどの流派では〝メーマイ〟ということばを拳法（ボクシング）の同義に用いているほどだ」

他の者も、飲み食いしながらパヤオのことばに聞き入っていたが、

「メーマイの核となる原理は、他者を攻撃するすべを学ぶ前に、わが身を守るすべを学ぶ、ということにつきる」

師範が口をはさんだ。ははっ、とパヤオが会釈する。

「しかし、おまえは、わしが思ってもみなかったことをいう。面白い。つづけなさい」

「はっ、はい。メーマイ――その、わが身を守るすべを修得したのち、ダーブの稽古に移るわけです。槍や薙刀のような長柄武器、ナイフや斧やマイソンのような短器もありますが、どの流派でもダーブは第一の武器の地位を保っています。メーマイは武器・徒手両方の基礎ですが、ダーブをはじめとする各種武器や徒手には、それぞれ固有の身体操作があります。これは〝ルークマイ〟、つまり技の息子とよばれています」

パヤオは、口頭試験を受ける学生のように、慎重にことばを選んだ。

「それで、うちがシャム武術の正統だといってくれるのは、どういう理由からかね？」

「はい。武器と徒手が併学されるが、徒手に重きが置かれることです。これは、非暴力を旨とする仏教の精神に適っているように思われます。そして、パフユッの目的は身体を武器として用いるだけではなく、おのれ自身も同じように活かすことにあります……」

9 乙女をさらう夜叉 クン・ヤッ・パー・ナーン

❖チャイヤー拳法のはじまり

インドシナから象の鼻のように垂れ下がるマレー半島。アジア屈指のリゾート、プーケットは半島の西岸の島。東岸にチャイヤーがある。

「象の鼻」には、二千数百年も前に、インド系の人びとの植民都市が築かれていた。爾来《じらい》、ここには長い過去の歴史がどの一塊《いっかい》の土にもしみこんでいる。マレー人、モン族、クメール族らの幾多の王朝が興亡し、豪族たちの都になったことも数知れない。

また、古来「象の鼻」は、中国大陸、インドシナを逐われた民族が、さらに南のインドネシアの島嶼へとのがれるときに渡った陸橋であった。

タイ族のスコータイ朝が、チャイヤーをふくめた半島北部を服属させるのは十三世紀のこと。十七世紀前半の一時期には、日本人サームーレイの影響下にも置かれた。

そして、アヘン戦争（清《しん》）、セポイの乱（インド）……とアジアに、白人（ファラン）どもが始末の悪い病原体のようにとり憑いた十九世紀なかば——日本では幕末から明治維新にかけて——、シャムを代表する古武術の流派がチャイヤーに生まれた。

ポー・タン・マー。チャイヤー拳法初祖の名である。軍人であった。

当時、シャムの国土は、西洋の植民地主義者に、まさに侵されようとしていた。しかし、即位したばかりの新王チュラーロンコーン（ラーマ五世）は、まだ十五歳と頼りない。国は守れるか――!?

王都クルンテープ（バンコク）で、軍の一部によるクーデターが勃発した。あるいは未遂で終わったのかもしれないが、いずれにせよクーデターは鎮圧され、これに加担したポー・タン・マーは南の「象の鼻」にのがれ、チャイヤーの仏寺に入った。山門の内に世俗の法は及ばぬ――とするのが仏教国シャムの伝統である。

軍人ポーはその寺、トゥン・ジャブ・チャーン寺院において出家した。

かつて宮廷で武術を学んだポー師は、瞑想のあいまに武技を練り、新たな流派を立てた。その流派は、現在では、

――アユタヤ朝以来のシャム武術の正統である

と多くの者が口をそろえているが、土着の闘技が混ざっているという人もいれば、インドの密教武術（図9－1）やマレーのイスラム武術（シラット）の影響を指摘する学者もいる。

後述する理由でこの流派のオリジナルのスタイルは今となっては定かではないが、四つの肘膝を固いトゲのように曲げて「守りに撤した」その流儀は当時、南洋の珍奇な果実にたとえらえ、

――ドリアン拳法（ムエトゥリアン）

とよばれていた。トゲで武装したドリアンの実は、羅髪《らほつ》につつまれたブッダの頭にも似ている。

ポー師は、境内を道場に、町の男たちにその特異な武術を教えた。

そうした弟子のひとりが、第1章で述べた投げ技の名手、拳卿《けんきょう》プロン・チャムノーントーンである。彼はラーマ五世に招かれて都《みやこ》にのぼる。そして、コーラートやロップリーからもよばれたシャム全土の拳法（ムエ）名人を撃ち破り、古式ムエタイの事実上のチャンピオンとなった（〝チャンピオンシップ〟の概念はまだなかった）。

図 9-1　チャイヤーの密教武術

チャイヤーは 7 世紀に興った古代マレー人の海洋帝国シュリーヴィジャヤの都、ないしは副都として栄えた。大乗仏教（密教）が信仰され、当時の寺院もいくつか残っている。図はチャイヤー出土の金剛菩薩像（8 ～ 9 世紀：10 数センチの金銅製）で、密教経典に説かれる武術の構えをしめしている。チベットやジャワではインドの密教が武術とセットになって伝えられているから、古代にはここでもインド系の武術が行われていたことであろう。
また、マレーシアや南タイのイスラム教徒に伝えられているシラットは、14 世紀後半、西スマトラのミナンカバウからマラッカ、マラヤに移住したマレー人の英雄ハン・トゥアによってもたらされた。

こうして、南タイの鄙《ひな》びた都市チャイヤーからやってきた拳卿の精妙な流儀、——チャイヤー拳法（ムエチャイヤー）の名がシャムにひろく知られるようになった。

カム・シーヤーパイ。開祖ポー師のもうひとりの重要な弟子、つまり拳卿プロンの兄弟弟子にあたる。彼はチャイヤーの知事であった。

政府側の人間であり、ポー師とさして歳もかわらぬカムがその門人になったのは、師の人柄にひかれたからであろう。また、チャイヤー拳法の保護者を自負していたにちがいない。

カムの武術の腕前がいかほどのものであったかは、今となっては不明である。しかし、息子のケットは、まぎれもない天才であった。それゆえ、カム・シーヤーパイは、チャイヤー拳法の二祖として拝されている。

❖宗師（グランドマスター）ケット・シーヤーパイ

三祖ケット・シーヤーパイ（一九〇二～一九七八年）。写真を見ると、お顔は大東流の武田惣角《たけだそうかく》によく似ておられる。惣角師同様、小柄である。

彼の二十代は、薔薇苑《スアンクラープ》カレッジの野外闘技場にはじまる古式ムエタイの黄金時代。拳士たちが、ムエカッチューア（図9-2）の「なんでもあり」ルールで火花を散らした時代だ。そんななかでケットは腕を磨き、やがて実質上のチャンピオンになった。

彼のスタイルは、父に学んだチャイヤーを主としながら、しかしハイブリッド（雑種）であった。他流の十二名の拳法名人にも師事している。

最後の師は、ムエパーックラン（バンコク拳法）の名手で王室につながるキンセーン・タウィーシティであった。が、この人もまた、ムエ・アユタヤ（アユタヤ拳法）の祖師キアオ師について古都の流儀を承けたのち、王

図 9-2　拳に紐を巻く

「拳に紐を巻いてたたかう試合様式」を“ムエカッチューア”という。白い綿布を裂いて、あらく縒った紐だ。長さは 15 ～ 16 メートルほど。まず、手首に巻く。それから指の股に紐を通し、拳を固める。指を屈伸させ、巻き具合をたしかめる。慣れた者でも両手を巻き終えるまでに、たっぷり 30 分はかかる。

古式全盛時代の数少ないルールのひとつに「手から前腕に巻く紐は、選手の拳を保護するためのものであるから、好まぬ者は巻かずともよい」とある。また、「紐にはガラスの粉がすり込まれていた」とよく云われるが、これは西洋人の捏造。試合前「レフェリーは（かよう#な）不正が行われぬよう選手に、おのれの顔をおのれの拳で擦るように命じ」た。

室護衛官のルアン・ウィツァン・ダルンコンから王宮スタイルと西洋のボクシングを学んでいる。

つまり、ケット・シーヤーパイは、チャイヤー拳法のほか、わかっているだけでも、
○バンコク拳法
○アユタヤ拳法
○王宮拳法
○西洋拳法（ムエファラン）
を、吸収していたことになる。

彼は、グラブを着けて一定のルールのもとに仕合う近代ムエタイの時代になると、チュアチャイヤー・ジムを創設し、後継者を育成した。彼に、新旧両ムエの葛藤はなかったようだ。その証拠に、一九五六年にルンピニー・スタジアムが財団法人としてスタートしたときには、社長に任命されている。

根っからのムエ好きで、日本の古流の剣士が近代剣道をスポーツとして楽しむぐらいの感覚であったのだろう。ルールに適した立ち腰の構えが主流になっていくなかでも、弟子には腰を落とした古式の構えで闘わせていたようで、

「この構えは、はじめは不自然であると感じられるかもしれないが、稽古を積むにしたがい体になじんでくる」

ということばを残している。

ケット師は、拳法家としてはきわめてすぐれていたが、経営者としてはズブの素人であった。

一九六一年、ラジャダムナン・スタジアム財団法人（第二次大戦直後に設立）が、ムエタイ初のチャンピオンシップをかけた試合を開催し、ルンピニーもすぐにそれを真似た。こうしてムエタイ興行も急速に現代化していくなか、ケット師はジムをつぶしてしまい、結果、ビジネスとしてのムエタイの世界から足を洗い、バンコク郊外に引きこもることになる。しかしながら、彼が経営者としても優秀であったら、時代遅れでカネにならぬ古式

は失伝していたにちがいない。

彼の没後、三十五年間ケット師につかえたトーンラウ・ヤールライが、師の遺した、――空地があって、木からサンドバッグや古タイヤがぶら下がっているだけの昔風のチャイヤーラット道場を継いだ。

❖サームーレイの技?

「〈乙女をさらう夜叉〉(クン・ヤッ・パー・ナーン)は、ひょっとしたら、サームーレイの武術の名残かもしれないな。昨日、テレビでジュードーを見ていて、ふと思ったんだ」

わたしの一月《ひとつき》に満たぬチャイヤーラット道場滞在も終わりに近づいたころ、兄弟子のパヤオがいった。ラームカムヘーン大学の古武術愛好クラブのキャプテンで、今でいう武術オタクである。

「やはり……な」

わたしはうなずいた。〈乙女をさらう夜叉〉は、

――敵のパンチをかわして投げすてる技

である。タイにあっては異質な技法で、ひとつの技――というよりひとつの戦闘術を、そっくり古式の体系に埋めこんだようなおもむきだ。わたしは、トーンラウ師範からこれを学んでいるとき、裸体と着衣のちがいはあるものの、

(まるで柔道じゃないか!?)

と思ったものだ。もっとも、サームーレイが活躍した時代、柔道ということばはもちろん、柔術ということばもまだなかったであろうが。

武器と徒手を併学する古式の技法は、

①メーマイ（「技の母」の意、以後「母技」とする）

②ルークマイ（「技の息子」の意、以後「子技」とする）

③コーンムエ（「拳法術」ぐらいのニュアンス）

④チエンムエ（「拳術技」ぐらいのニュアンス）

の四つのカテゴリーからなる。

最初の「母技（メーマイ）」は、武器・徒手両方の基礎になる歩法や体さばき。

つぎの「子技（ルークマイ）」は、各種武器と徒手に固有の身体操作だ。刀には「刀の子技」、槍には「槍の子技」、そしてムエには「ムエの子技」があることになる。

それぞれ十五の体変《たいへん》のセットで、わたしが学んだのはこの「母技」と「ムエの子技」である。

「拳法術（コーンムエ）」と「拳術技（チエンムエ）」は、「母技」と「子技」から発展した、高度で多彩な術技のセットだ。

現在、手持ちの古式本を参考にしながら四者を比較すると、①②の「母子技」のほとんどが③の「拳法術」にふくめられているなどの重複もみられる。また技名は同じでも、テキストによって（あるいは道場によって）若干、ないしまったく異なる技になっていたりする。

ともあれ、〈乙女をさらう夜叉〉は、②の「ムエの子技」、および③「拳法術」のさらに「拳に対する反撃術」と細分されるカテゴリーに入れられた投げ技で、あまたのバリエーションがある。

たとえば、突いてきなさい、と師範が命じる……。

「突いてきなさい」

はい、とわたしは左ストレートを放った。

むろん、その拳が顔面をとらえる前に師範の体が動いた。

彼はわたしの左側、つまり拳軸の外側に入身すると、左肘でわたしの左腕をはね上げた。そして体を行き違えるや、左手でわたしの胴をかかえどりにし、背に十文字に乗せる。

師範はこの時点で動作を中断し、

「〈乙女をさらう夜叉〉である」

といった。「背に負ったかっこうが、(『ラーマキエン』の)シーター姫をさらう魔王のすがたに似ているから、この名があるのだが――」

師範がいきおいのまま動作をつづけていれば、わたしは頭から地面に投げ落とされていただろう。腰車のような呼吸か(図9－3A)。

「突いてきなさい」また、師範は命じた。

左ストレート。こんども師範はわたしの左側に入身しながら、その突いてきた腕を左手で捕り、右手を肘に巻いた。わたしの左腕を完全に殺したかたちだ。

同時に身をひねってわたしの体を腰に乗せ、わたしの前足を足の裏ではね上げていた。このときも、師範はわたしが死に体になった時点で動作を中断したが、つづけられていればわたしは宙を舞い、地面にたたきつけられていただろう。一本背負いである(図9－3B)。

「これも、〈乙女をさらう夜叉〉である。技の名はちがってくるが、蹴り足を捕り、同様に肩ごしに投げすてる法もある(図9－4)」

図 9-3　乙女をさらう夜叉 Khun-Yak Paa Naang

敵のパンチをかわして投げる技の総称。投げの呼吸はタイミングによって千差に変化するため、腰投げ、一本背負い、逆背負い、サバ折り（浴びせ倒し）など、さまざまなパターンがある。カッチューアで仕合う古式では手指が自由につかえたため、かような技も可能であった。とはいえ、グラブ・マッチになった1940～50年代のリングでも、投げ技はひんぱんに使用されていたらしい。現在の競技ムエタイのルールでは「JUDOのようなレスリング行為（腰や肩に乗せての投げ）は反則」。

なお、ここでは、いつもの『虎王の指南書』のほか、ワッラビス・ソッパサート（Vallabhis Sodprasert）、パニャ・クレイトゥス（Panya Kraitus）の文も引用したが、両氏はともにチャイヤー宗師ケット・シーヤーパイの弟子。

A　腰に乗せて投げる

このコーンムエ（拳法術）は、手で敵の胴体をかかえこみ、腰に乗せて投げすてる、というものである。

敵：我の顔面を左拳で突く。

我：敵の左足の外側に右足を進め、体を開いて敵拳からのがれる。つぎに、左足を進めて対手の体を左手で捕り、腰に乗せて投げ落とす。

敵が右拳を突いてきたら、左右を入れ替えて同様に行う。

この技は敵をひじょうに疲弊させる。頭から地面に投げ落とせば、必殺技になる。

（『虎王の指南書』より）

B　背負いに投げる

「乙女をさらう夜叉」はムエタイの投げ技である。これは、左ストレートに対抗するのに使用される。まず、対手の腕の外側に身をさばいてパンチをかわす。ついで敵の突いてきた腕を捕り、敵を腰に乗せて体をねじり、柔道の一本背負いのように投げすてるのだ。……筆者の幼少のころは、ボクサーがこれらの投げ技を使用しているシーンをよく見かけたものだ。しかし最近はルールで禁じられたこともあり、まず目にすることはできない。

（Vallabhis Sodprasert *Siamese Boxing* より）

C　サバ折りから浴びせ倒す

「乙女をさらう夜叉」は、敵をホールドして、腰を折る技である。

敵：右手で顎をガードしながら、左足を進めて接近。

我：敵のふところに素早くもぐり込み、左腕で対手の腰をかかえる。腰を引きつけ、顎で胸を押して（サバ折りの要領で）浴びせ倒し、対手の後頭部を地面にたたきつける。

殺し技。また、首相撲で首をつかまれたときも、サバ折りに逃げることが有効である。

（Panya Kraitus *MUAY THAI* より）

ขุนยักษ์จับนาง

A　腰に乗せて投げる

B　背負いに投げる

C　サバ折りから浴びせ倒す

図 9-4　クンバカルナをたたきつけるハヌマーン神 Hanumaan Fad Kumpakan

これも『ラーマーヤナ』にちなんだ古式ムエタイの技法。いわば「脚一本背負い」だ。

このコーンムエ（拳法術）は、蹴りの防御に用いる術で、タイミングを見きわめることが肝要である。
敵：一歩踏みこんで、我の顔面を左足で蹴る。
我：蹴り足のかかとを両手で捕り、かかとを肩に担いで反転する。それから上体を前に屈め、対手を地面に投げすてる。
敵が右足で蹴ってきたときは、左右入れ替えて同じように反撃する。
（『虎王の指南書』より）

❖ヤマダ・ナガマサ

「しかし、つぎも〈乙女をさらう夜叉〉である。突いてきなさい」

右ストレート。師範はそれを手で払って、わたしの胸元に飛びこむやクリンチ、いやホールドにかかえこんだ。そうして両手で腰を引きつけ、顎で胸をグリグリと押してくる。乙女の柳のような腰をしっかと抱いて、胸の谷間に顔を埋《うず》める、といった塩梅であろう。が、むろん、そんな艶《なまめ》かしいものではない。

サバ折りである。わたしの体は大きくのけぞった（図9－3C）。

稽古の手を休めて見物していた門弟たちが、

「フジワラ！　フジワラ！」

と、囃《はや》したてた。

そうであった。

昨年（一九七八年）、日本のキックボクサー藤原敏男がモンサワンをKOでやぶって、初の外国人ムエタイ王者チャンピオンになったときの決まり手が、この〈乙女をさらう夜叉〉であった。サバ折りから浴びせ倒しに対手《あいて》の後頭部を地面にたたきつけ、失神させたのだ。

藤原のつかったのは、れっきとした古式の技法だったのだ。

しかし今、わたしの脳裡で、「外国人王者」というイメージと〈乙女をさらう夜叉〉という技名がヘンな具合に化合し、くだんのサームーレイの、あまり芳しくない実像を浮かび上がらせていた。

ヤマダ・ナガマサ。――日本以外の国の文献にその名が出てこないため、最近では山田長政は、講談レベルの架空の人物であったとされている。太平洋戦争時代、大東亜共栄圏をとなえる軍部が、国民に南洋を身近に感じさせるために、彼の物語を創作したのだという。

とはいえ、戦国から江戸初期にかけての日本人が海外で活躍していたことまでは否定すべきでないし、話に伝わる長政のようにスペインの艦隊を撃破したサームーレイや、アユタヤの大臣の座にまでのぼりつめたサームーレイの存在も確認されている。それらのシャムで活躍した、名前の残っていないサームーレイの話をぜんぶ合わせて、ひとりの人物に仕立てあげたのが「山田長政」なのだ。

そして、長政のようにリゴール総督に任命された、すなわち王に封じられたサームーレイがいたことも、どうやら史実のようである。

しかし、残念ながら、彼は評判のよい支配者ではなかったらしい。なぜなら、リゴールこと現ナコーンシータンマラートには、いまもこんな子守歌が残っているからである（岩城雄次郎訳）。

♪子どもよく聞け、かわいい子ども
アユタヤ下りの日本の殿《カールワン・ジープン》が

わがもの顔で人の国荒らし
子どもは捕まえ
女子《おなご》も若い衆も
町中さらって
思うがままにするんだよ

チャイヤーは、リゴールのすぐ北に位置する都市《まち》である。

また、アユタヤの日本人町は、この百年後の十八世紀前半——八代将軍吉宗のころまで続いたが、やがてサームーレイとその子孫はシャムの人びとと同化した。

10 魚の互《たが》え歯《ば》 サラブ・ファン・プラー

❖首投げ?

「回れ右!」

気をつけ、の姿勢から右足を後ろに引いて、それを軸に体を回転させる。すると、ドタバタすることなく、体の向きがクルッと百八十度切り替わる。

小学校の体育で最初に習ったと思うけど、これって、じつに不思議な動作だと思いませんか?

ドタバタではなく、クルッ、クルッ。

単純なようだけど、この合理的な動作を発明するまで、ヒトはいったいどれだけの歳月を費やしたのだろう、とふと考えたりする。

そして、武術は合理、といいかえてもいい。魔術ではなく「理」。すなわち法則《のり》に合《かな》えば、だれでも使える立派な技術である。これを理合《りあい》という。

また、合理は合気《あいき》に通じる。「気」もまた、アジアの法則のひとつだからだ。

古式ムエタイをふくめたシャム武術の基礎――武器と徒手に共通な身体操作であるメーマイ(母技)は、戦闘の無限の動きから、そんな理に合った動作を十五とおり厳選したものであるといってよい。そして母技の最初のレッスンが、本章のテーマ――〈魚の互え歯〉である。

ダーン・タン・タッタ・タダ……太鼓がとどろく。
チン…チン…チン…チン…チン…シンバルが鳴る。
ピヤ〜ピッピ・ヴァヴァパャ〜〜喇叭《らっぱ》がうなる。

バンコクのラジャダムナン・スタジアム。暑いタイのなかでも、ひときわ熱いのが、このムエタイの殿堂だ。観客がどちらが勝つか金を賭けることによって、熱いスタジアムがますます熱くなる。そして、リングサイドに陣取った楽団のかなでる笛や太鼓の音が、古代の呪文めいた魔力をもって脳髄を刺激し、興奮をいやが上にも沸きたてるのだ（図10−1）。

モーさんのムエタイ・ジム兼安宿に寝泊まりし、夕方には古式の道場にかよい、夜はスタジアムで試合を観戦する。ムエタイ漬けの日々であった。しかし――

外国人にとって、ムエタイの試合は見ていて面白いものではない。もちろん、格闘技&武術オタクを別にすれば――の話だが。

ＫＯがほとんどない。

試合はすぐに膠着《こうちゃく》する。いわゆる首相撲というやつだ。おたがい首を捕り、膝をネチネチとぶつけ合う。一ラウンド三分間のうち、二分はこの首相撲といってよい。

チケットの高いリングサイド（といっても五百円ほどだ）を占める外国人観光客は、二、三試合見ると、退屈そうにあくびをしながら、席を立つ。が、しかし――

タイ人の立場に立っていわせてもらえば、ＫＯがほとんどないのには、レベルが高すぎるからなのだ。

格闘技は、技術が高くなるほどに、攻撃より防御が向上する傾向がある。タイ全国で一万数千人のプロ選手が

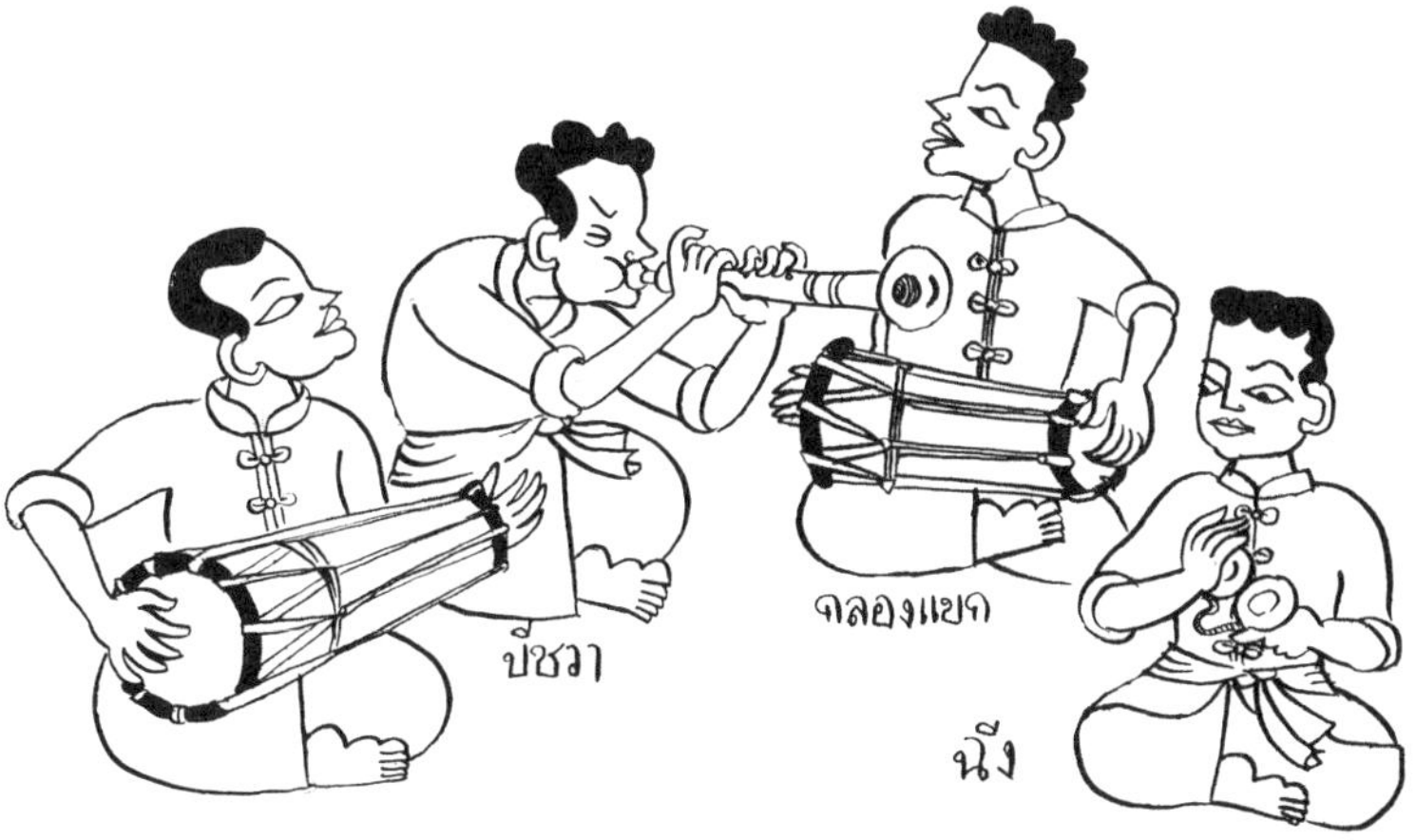

図 10-1　ムエタイ・オーケストラ

ムエタイの儀礼および試合には生バンドによる演奏がともなわれる。これは小シンバル、チャルメラのような縦笛、2台の両面太鼓からなるカルテットで、楽器の編成は南インドの寺院で神に音楽を捧げる楽団のそれに等しい。ムエタイ音楽の起源は定かではないが、戦争に楽士たちが随伴したアユタヤ時代にまでさかのぼると思われる。

ワイクーのさいに奏される音楽は、ゆったりと流れる恭しいものであるが、ファイトが始まると、突き刺すようなタイプの楽曲に変わる。試合が進行するにつれ、テンポはアップし、太鼓は烈しいリズムを打鳴らし、笛はファイターを鼓舞するための音色をつむぎ出す。


ひしめくという層の厚さのなかにあって、ラジャダムナンやもうひとつの殿堂《スタジアム》ルンピニーのリングに立てるのは、まちがいなく一握りのエリート選手だ。とうぜん、派手なハイキックでKO、なんてシーンは、拝めるはずもない。

　また、ギャンブルの対象であるリング・スポーツに、KO率一〇〇%の選手が登場すれば、対戦選手に賭ける者がいなくなる。最終の五ラウンドまで試合をひっぱり、観客をハラハラドキドキさせることのできる選手が、興行主の理想。過去に、強すぎて試合が組めなくなり、引退、あるいは国際式ボクシングに転向せざるを得なくなった名選手は大勢いる。そして——

　オタクでない人が本場ムエタイを堪能するには、賭けをやってみることをお勧めする。タイ人に混ざって金を賭けろ、といっているのではない。

友人どうしで観戦するのであれば、負けたほうが晩飯にシンハ・ビールを一本おごるとか、明日はオリエンタル・ホテルのサラリムナーム・レストランでご馳走するとか。

これだけで、それまであくび混じりに眺めていた試合に、がぜんエキサイトしはじめること請けあいだ。

そして外国人にはつまらない首相撲だが、タイ人はこれに白熱する。ポイントの差もここで大きくあらわれる。両選手は首を捕りあって、対手《あいて》の腿や脇腹に膝をたたきこむ。膝は半円の軌道を描きながら突きこまれる。両者は組みあいながらリングの上を右に左にと、目まぐるしく、独楽《こま》のように回転する。

試合がヒートアップするにつれて、楽団の演奏もスピードアップする。

ドロドロドロドロ……海鳴りのような、地鳴りのような音だ。

膝がヒットするたびに、

「オー、オーイ」

と声援があがる。賭けが興奮をよぶのだ。

試合の攻防と演奏と声援が共鳴し、スタジアム全体が、わあん、とうなりをあげる。

と――


首相撲している赤パンツの選手のからだが、放物線をえがいて飛ばされ、リングに叩きつけられた。打撃によるダウンではないから、レフェリーはカウントを取らず、すぐに立ち上がるように命じる。わたしは不思議なものを見たような気がした。

(打撃によるダウンではない……だったら、何が起こったんだ?)

また首相撲になり、また赤パンツがふっ飛んだ。リングにたたきつけられた頭がボールのように弾む。彼はそのまま昏《ねむ》った。

レフェリーが、しかたなく、青パンツの勝利をコールする。

「!?」

観客には、わたし同様、なぜ赤パンツが飛ばされたのか理解できなかったのだろう。そして、それ以上に青の勝利は番狂わせだったろう。

賭けに負けた観客が怒って、紙コップをいっせいにリングにむかって投げつけた。ジュースやコーラやビールを飲んでいたコップだ。中にはこまかく砕いた氷が入っていたから、たいへんだ。リングサイドのわたしは、あわてて手で頭をかかえた。

熱帯タイの熱いリングに、冷たい氷の雨がふりそそぐ。

❖母技（メーマイ）

ワイクー。

準備運動。

母技（メーマイ）、およびその対人稽古。

子技（ルークマイ）、およびその対人稽古。

……

チャイヤー拳法（古式ムエタイの一流派）の稽古の順である。

最初のワイクーについては、すでに記した。

つぎの準備運動では、手足をふったり腰をひねったり……などのシンプルな動作をくり返して、体をウォームアップする。十の動作からなる。注目すべきは、それらの単純な所作のひとつひとつが、実はムエタイの武器である拳・肘・足・膝の用法のもっとも根本的な動作になっている、ということだ。ムエタイの身体操法の、いわば種子《たね》（最小単位）とでもいうべき仕種である。これについては、少しずつ述べていくことにする。

三番目の母技は、「敵の攻撃《オフェンス》を確実に防御《ディフェンス》する」ための体さばきのコレクションである。

すなわち――

①魚の互え歯（敵パンチ↓その外側に入身⬇第7章）
②巣から覗く鳥（敵パンチ↓その内側に入身）
③槍を擲《な》げるジャワ人（敵パンチ↓その外側にサイドステップ）
④蛇行剣をうがつイナオ人（敵パンチ↓その内側にサイドステップ）
⑤須弥山の持ち上げ（敵パンチ↓身を屈めてかわす）
⑥石突きを撥《は》ねあげる翁《おきな》（敵パンチ↓上段受けの要領でブロック）
⑦柱を支えるモン人（敵パンチ↓前蹴りでストッピング）
⑧杭打ち（敵キック↓肘でブロック）
⑨尾をうち振る鰐（敵パンチ↓身を風車のように回転させてかわす）
⑩象牙砕き（敵キック↓その脚を腕ですくいあげるようにして捕る）
⑪尾を捻《ねじ》られた竜（敵キック↓その足を両手で捕る）
⑫はね返される光輝（敵キック↓前蹴りでストッピング）
⑬消灯（敵パンチ↓下段受けの要領でパリイ）
⑭猿を捕る夜叉（上記の攻防を適宜くみ合わせ、連続的に行う⬇第5章）
⑮魔象の首を折る（敵パンチ↓上記の防技をもってさばき、首を捕る）

の十五技からなり、ひとりで連続して行うと、空手の型や中国拳法の套路《とうろ》のようなものになる。

しかし、通常はふたり、対になって、型の分解組手のごとく稽古する。

すなわち——彼、拳や蹴りをくり出す。我、体変してそれをのがれる。

ただのがれるのではない。彼（敵）の第二撃目を食わぬところに身を遷《うつ》すのだ。

しかもそれが、瞬時にして打撃、投げ、関節などの技をもちいて反撃できる場処《ところ》であり、体勢《たい》になっていなければならない。たとえば——、

③の〈槍を擲げるジャワ人〉（チャワ・サッ・ホック）では、敵のストレート・パンチを、その外側にサイドステップしてかわすと同時に、肘をふって敵の肋《わき》を穿つ。

⑨の〈尾をうち振る鰐〉（ジャラケー・ファード・ハーン）では、身を強風におされた風車のように回して敵拳をのがれ、同時にかかとをハンマーのようにふって（後ろまわし蹴り）、敵の顎を砕く。

これらの動作をひととおり学ぶと、攻防者ともに両手にダーブ（刀）を執り、同じ体変《たいへん》で刃《やいば》に対処する術を練る。

攻め手は、全身のバネを利かせて、力強く撃ちこむ。

受け手は、この攻撃を「母技」を用いてブロックするか体変するかして、完全に避ける。対手の腹を足で蹴ったりする（⑦の〈柱を支えるモン人〉（マオン・ヤン・ラック））ことはあるが、刀で反撃することはない。

日本の組太刀のようなものといえるが、手に執るのは真剣だ。両者合わせて四本の刀が目まぐるしく回転し、鉄と鉄がカンカンと硬い音をたてて嚙みあい、青白い火花を散らしている。

「危なくはないのですか？」わたしの問いに、

「サッカーのほうが、よほど危険じゃ」チャイヤー拳法のトーンラウ師は応えた。

「武術は、おのれを護る術《すべ》である。が、サッカーをやってみぃ。わが身を守ることなんて、ちぃとも考えやしな

い。ボールのかわりに自分が蹴られる。後ろから押し倒されたりもする。だから、サッカーはダーブより危険なのじゃ」

「……」

「真剣――刃引きはしてあるが――の稽古であれば、やるほうも真剣になる。ひとときの油断も許されぬ」

「はあ」

「もちろん、最初から真剣でやるわけではない。はじめは木や竹でつくった刀を使う。しかし、あのコ（門弟）たちは他流でダーブの稽古をじゅうぶんに積んでおるでな」

❖体さばきの基本

師範、合掌して立ち、

「ちょっと、突いてきなさい」

わたしは、左ストレートを放った。左足を進め、左の拳を出すパンチだ。いきなり肩にがんという衝撃を受け、左腕の関節が悲鳴をあげていた。わたしは一瞬にして崩されていた。

「これが、メーマイの第一の技〈サラブ・ファン・プラー〉（魚の互え歯）じゃ」

彼はわたしの左腕の外側に真半身《まはんみ》で――つまり完全に横向きになって入身《いりみ》し、同時に突いてきた左拳を左手で捕り、その肘を右手で押さえこんだのだ。左右の手が、巨魚の上下のアゴに植わったギザギザの歯のように噛み合って、わたしの腕を砕こうとしている（図10−2）。

「いてて」

口からも悲鳴が洩れた。師は技を解き、

「右足を右斜め前に出し、つぎにその足を軸にして、身を左にふり向ける。そのさい、左足を右足のかたわらに、

図 10-2　魚の互え歯 Salab Fan Plaa

これはメーマイ（母技）の最初の技法にして、この敵の攻撃の外側にのがれる基本の「反撃技（コーンムエ）」に修熟すれば、他の技術につなげるための「師技（マイクー）」（高度で重要な技）の最初の技法となる。またこれは、馬歩（マーヤーン）（片足立ちからの変化）に必要とされるより難しい所作（他の技）の訓練に進むための基本的かつ主要な動作である。

敵：前に踏みこむと同時に、我の顔面に左拳を突く。

我：右足を右斜め前に一歩進めてのがれる。そのとき、左手で敵の手首を捕り、右手で上腕を圧すべし。

これは合掌の手（両手）を魚の互え歯のように用いて、敵の腕を折る所作である。また、右拳を敵の眼窩に突きこむもよし。敵腕を右手に巻いて、肩ごしに投げ捨てるも可なり。敵が右拳を同様に突いてくることを想定し、この動作を反射的にできるようになるまで、左右おなじように訓練すべし。

（『虎王の指南書』より）

体さばきの極意は、ドタバタすることなくすばやく対手の死角に入り「敵に遠く、おのれに近い」ポジションをつくり出すことだ。「魚の互え歯」の運歩は対手の側面を取るためもので、日本や中国の古武術にも見られる。

弧を描くようにしながら、進めるのじゃ」

と、足の運びを説いた。

自分でもやってみる。いっぽうの足を外斜め前に踏み出し、もういっぽうの足をその後ろに進める。と、なるほど、対手の外側に真半身で入身したかたちになる。

(回れ右の呼吸だ!)

と思った。単純化していえば——

まず、任意の方向にステップする。

つぎに、その足を軸にして、方向転換する。

この二つの動作を間髪おかずに行えば、瞬時にして転身できるようになる。

「〈サラブ・ファン・プラー〉で入身すれば、即、対手の死角を取ることができる。このポジションからは、関節技、投げ技、肘打ち、となんでもできる。突いてきなさい」

「はいっ」

突く。師範は入身しながら、掌を飛ばしてきた。わたしは、顔面を張られてのけぞった。

「う、うぐっ」

「実戦では、裏拳で、敵の目をつぶすとよい。もういちど、突いてきなさい」

「突いていく」たびに、手加減してくれているとはいえ、痛い目に遭わされる。この道場に来た初日、トーンラウ師について「ひじょうに親切だが、ひじょうに手荒いかたでもある」という人物評をきいたが、本当のことであった、と身をもって知ることになる。しかし、これも、「アジアン武術研究」にとって避けられぬフィールドワークの一環だ。

「はあ、はいっ」と、突く。

師範は、別のステップを使ってパンチを外し、わたしに身を寄せ、両手で首を捕った。首相撲だ。彼の両手の指がわたしの首の後ろで、がっしりと嚙み合う。

そのうえで、たなごころを返し、両肘を合わせるようにする。と、両手首の小指側の固い骨が首にくい込んでくる。頸動脈が押しつぶされ、ぐぅ、という音が喉からしぼり出された。師範は、

「〈サラブ・ファン・プラー〉は、こういうことも出来るのだよ」

とばかり、「魚の互え歯」の歩法をした。すなわち、

——片足を斜め前に運び、もう片足をそれに添わせる。

後足が弧を描くように進められる。わたしの首にかけられた手も弧を描くように引きまわされる。ふたつの円運動のベクトルが化合して、わたしのからだに浮力が生じた（図10－3）。足が地面からもぎ離され、まるで畑からひっこ抜かれたダイコンのようだ。

ああ、赤パンツが飛ばされたのは、そういうことだったのだ！

（受け身は……自分のヘソを見るンだったな）

わたしは、宙を舞いながら思っていた。

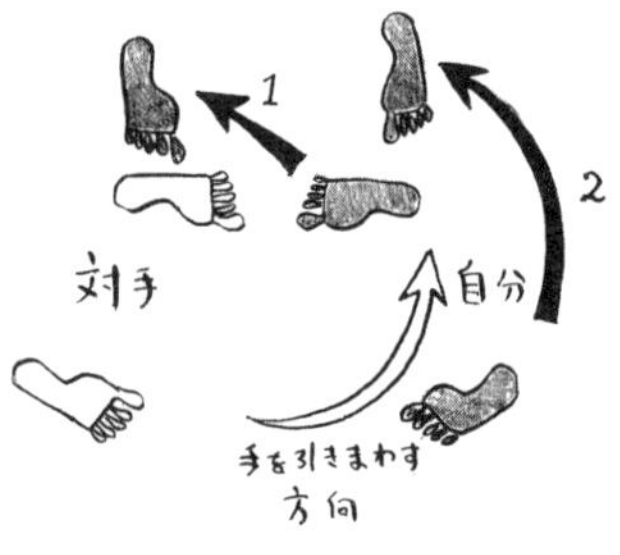

図 10-3　首相撲からの投げ

①対手の首を両手で捕り、
②右へ回る時は右足を右斜め前に出し、
③次にこの右足を軸に左足を円を描いて大きく開いて、
④投げ、または左膝蹴り。

首相撲で対手をくずしての膝蹴りは、ムエタイのもっとも基本的なセオリー。これは「魚の互え歯」の体変で対手をくずす方法だ。④では、対手のからだを揺さぶるなどの前手続きがあるのだろうが、タイミングよくかかれば、対手は体重を引き出されてふっ飛んでしまう。しかし、投げても得点にはならないので、ふつうは膝を合わせる。

11 風に吹かれし風車

カンガン・トン・ロム

❖道場やぶり

「アチャーンは、ムエタイの世界では、生きた伝説であらせられた。七十歳を越えても、弟子入り志願の若者、教えを乞いにくるランカーは後を絶たなかった……」

と、チャイヤーラット道場のトーンラウ師範が、先代のケット・シーヤーパイ師をふりかえる。

なお、〝アチャーン〟は梵語の〝アーチャーリャ〟のタイ訛り。同じ梵語を日本の密教では「阿闍梨《あじゃり》」と綴る。ワイクーの〝クー〟――これも梵語の〝グル〟の訛り――すなわち、先生よりも偉い大先生、あるいは宗師、グランドマスターだ。

「じゃが、なかには、無礼な輩《やから》もいる。アチャーンは温厚なかたではあったが、そうした者には、手酷いレッスンを授けた――」

宗師がいくつかの蹴り技を弟子たちに教えているとき、ひとりの男が腕試しにやってきた。ラジャダムナン・スタジアムでなんども闘ったことのある現役のファイターである。彼は、この年老いた教師をナメてかかっている。横柄な態度で近づいてきた。

「爺さん、ちょっくら稽古をつけてくれや」

「よろしい」宗師は笑顔を絶やすことなく、好々爺然としていた。

「オレの蹴りに耐えることができるかい。オレの脛《すね》はよく斬れるぜ」

「では、試してみなさい」

と、膝をすこし弛《ゆる》めて立つ。

男は、サンドバッグを対手《あいて》にするように、強くて速い蹴りを放った。若いファイターの全力の蹴りが小柄な老人にヒットしたら、いったいどんなことになるか？

が、次の瞬間――

横柄な若者は、仰向けになって後ろにふっ飛び、地面に頭を打ちつけていた。

よろよろと起きあがる彼に、宗師がいった。

「メー（お母さん）に、教えられなかったかい？『強くおなり。でも傲慢になっては駄目。刃《やいば》は鞘《さや》に隠しておくものよ。虎のような爪も引っこめておくの。サソリのように尾を見せびらかしては駄目』っとな」

その場に居合わせた宗師の娘さんが、椅子をさし出す。男はそこに座り、なにか考えている、という風情である。耳からは血が流れていた。それに気づいた娘さんが、彼を病院に連れていったために、大事にはいたらなかった。

「この男の怪我は、アチャーンへの無礼な行為の結果だ。彼自身の驕慢な行為が、そのような結果を招いたのだ。もし彼が、わたしの蹴りを試させてください、と年長者に対する当然の敬意をもってアチャーンに懇願したのであれば、彼は怪我することなしに知識を得ることができたであろう」

と、師範はつづけた。

タイの武術は、攻撃してくる力を対手に撥《は》ねかえす、という原理にもとづいている。仏教の格言に、

——汝の苦悩は、それを与えた者のもとに戻るとあるように。天に向かって吐いたツバは、おのれに降りかかるのだ。

「大先生は、どのような技を使われたのですか?」わたしはきいた。

「スローだ」と師範は英語でこたえた。

「投げ……」

「さよう。アチャーンは、道場やぶりが来れば、ことごとく投げ(スロー)で撃退した。むかしのムエには多くの投げ技があってな、これらは〈乙女をさらう夜叉〉(敵を腰や肩に乗せて投げる技の総称。第9章参照)以外は、今の競技ルールでも許されておる。が、投げても得点《ポイント》にならぬので、稽古する者はほとんどいない。だからこそ、投げが、面白いように決まるのじゃ」

❖〈須弥山《しゅみせん》の持ち上げ〉(ヨッ・カオ・プラスメール)

これらのスローは、流れのなかで対手のバランスを崩し、地面に叩きつけるというもので、われわれ日本人のイメージする柔道のような投げ技とは性格が異なる。そうしたスロー、ないしは崩しの基本も、メーマイ(母技)の十五の体変であるという。

「たとえば、メーマイの五番目〈ヨッ・カオ・プラスメール〉」

師範はヒンドゥースクワットをするときのように、両膝をふかく折って、身を沈めてみせる。

「敵の武器や突き、上段への蹴りをかわす仕種だ。ふつうはこう反撃する」

ピョンと跳びあがって、仮想の敵の顎に拳を飛ばす(図11-1A)。

カエル跳びだ!

一昨年(一九七七年)、エディ・ガソにKOで敗れて引退した輪島功一《わじまこういち》の必殺技だ。輪島はこれで、絶対に負け

図 11-1　須弥山の持ち上げ Yok Khao Phra-Sumeru とその変化

A　基本形

これはメーマイ（母技）の５番目の技法であり、身を低くして敵の攻撃をのがれ、それから顎に拳を撃ちこむ基本のコーンムエ（反撃技）なり

敵：踏みこみ、我の顔面に左拳を突く。
我：膝を屈し、頭を下げて、敵拳を頭上にやり過ごす。

我：同時に下肢の発条（バネ）を利かせて、敵の顎に左拳を放つ。

敵が右拳を突いてきた場合は、左右入れ替えて同じように反撃する。また、上段への蹴りも同様に対処することができる。

（『虎王の指南書』より）

B　草を手折る Khon Rukkamun

このコーンムエ（反撃技）は、蹴りの防御に用いられる。身を沈めて蹴りをのがれ、対手の軸脚を捕って、引き倒す。

敵：踏み込んで我の顔面を右足で蹴る。

我：右足を進め、身を沈めて坐るような姿勢をし、右手でかかと（または足首）を捕る。左手で膝を推し、同時に右手を引く。左手を推すときは、おのれの上体を持ち上げるようにするとよし。対手は仰向けに倒れる。

敵が左足で蹴ってきた場合は、左右入れ替えて同じように反撃する。

（『虎王の指南書』より）

る、といわれたイタリアのカルメロ・ボッシからジュニア・ミドル級のタイトルを奪ったのだ。

なるほど、蛙は、タイでは日本よりずっと身近な動物だ。好物でもある。フライにしてよく食べる。が、この技のタイ名は、コッ（蛙）とは無関係らしい。

「最近のジムでは、西洋式（ファラン）のボクシングのダッキングのように腰を前に曲げて敵の攻撃をかわし、アッパーカットで反撃する技を〈ヨッ・カオ・プラスメール〉と教えておる。だが、ハヌマーン神が『須弥山を持ち上げ』（ヨッ・カオ・プラスメール）たときのように、しっかりと腰を下ろすのが本来のやり方じゃ」

『ラーマキエン』の一エピソードだ。『ラーマキエン』はタイの『ラーマーヤナ』だ。ムエタイは、このインド叙事詩の英雄の用いた武術や身体操作にもとづく、とされている。当時のわたしはまだ知らなかったことだが、いま現在、第1章の図1-1で示したように、詩想ゆたかな名の付せられた古式の技を絵にして鳥瞰すると、『ラーマキエン』の全ストーリーをカバーしていることがわかる。

たとえば、すでに述べた〈乙女をさらう夜叉〉は、魔王トサカン（インドではラーヴァナ）がラーマ王子の愛妻シイダー（シーター）を拉致する場面だ。そのとき、もちろんシイダー姫は抵抗した。魔王はのちに〈乙女を吊り上げる〉（ヨッ・ナーン）とよばれることになる技を用いて――つまり膝まわし蹴りで彼女を失神させて、天空に跳躍するのだ。

ラーマは、弟のプララッ（ラクシュマナ）とお猿の軍隊をひきつれて、魔王の国ロンカー（ランカー）に侵攻する。

猿軍と夜叉軍との烈しい戦闘がはじまった。

雨のような飛箭《ひせん》のなか、敵味方の軍技がいりみだれ、刀槍を混じえる。

魔王の擲《な》げた槍がプララッを貫いた。傷口から魂が抜けてゆく。彼を引きもどすすべはただ一つ。薬草を服《の》ませることである。仏教・ヒンドゥー教宇宙の中心にそびえる神話の山スメール、日本でいう須弥山にのみ産する霊薬だ。

猿将ハヌマーンは、枝から枝へ跳ぶように、スメールまで一気に飛んだ。が、どれが件《くだん》の霊草であるか、識別《みわけ》がつかない。ならば、山ごと運べばいい。

ハヌマーンは、須弥山を抱きかかえ、下腹に気息をこめ、吽《フン》、とばかり大地から引き抜いた――

「へっぴり腰で重いものを持ち上げようとすれば、ぎっくり腰になってしまうわい。西洋式も悪いとはいわんが、まずはしっかりと腰を落とすことを覚えることが肝心じゃ。それから、脚のバネを利かせて跳びあがる。力を溜めるには、まずは屈することだ」

と、師範は説く。

「でも、それがスローとどう関係するのですか?」わたしはきいた。

「では、蹴ってみなさい」

チャイヤー流の両膝を屈した姿勢から、右足を踏みこみ、左ハイを放った。

いっしゅん、師範のすがたが視界から失せ、わたしは背中から地面に落ちた。

かがんだ師範は、わたしの軸脚を手で捕り、鎌で稲を刈るように引き倒したのだ。

〈須弥山の持ち上げ〉からの変化、〈草を手折る〉(コン・ルッカンムン)(図11-1B)。ムエタイのリングでも、一九五〇年代までは頻繁に使用されていた技であるという。

「アチャーンはつねづね弟子たちに諭していた。『虎がキミを見て身を低くしたとする。でも、虎がキミを恐れているとカン違いしちゃいけないよ』とな。身を低くして構える者は、蹴りからのがれる術をいくつも用意している。高くて強い蹴りほど、バランスを崩しやすい。さっとひっくり返されて、地面に後頭部《アタマ》を打ちつけるのが、オチじゃ」

❖〈象牙砕き〉（ハッ・ングワン・アイヤラー）

「また、メーマイの十番目の〈ハッ・ングワン・アイヤラー〉。蹴ってみなさい」

「はあ……はい」

右のミドル。

師範は一歩踏みこみ、わたしの蹴り脚の膝の上を右の掌底で受ける。蹴りは、それを受ける角度やヒットポイントをずらすだけで、その攻撃の威力は半減、ないしは無力化してしまうのだ。そのうえで、蹴り脚を左腕ですくい上げた。

「これが〈ハッ・ングワン・アイヤラー〉の基本形だ。通常は、こう続ける」

師範は捕った脚の腿に、右の肘を打ち落とす（図11－2A）。肘が脚を破壊する寸前で力を抜いた。冷たい汗が背中を濡らす。

〈象牙砕き〉（ハッ・ングワン・アイヤラー）。

魔王トサカンは、三つの頭をもつ象の妖怪エラワンを戦場に喚《よ》んだ。魔王の息子インドラチッ（インドラジット）が象に乗る。

軍象《いくさぞう》は、それじたいが恐怖の殺戮兵器だ。猿軍に突進したエラワンは、手あたりしだいに大虐殺に取りかかった。だまって進むだけで逃げおくれた猿兵が踏みつぶされるのだから、殺す気になれば、いくらでも殺せる。鼻で巻きあげて叩きつけたり、牙で串刺しにしたり、ありとあらゆるテクニックで殺しまくる。二本の鼻を使って猿を藁蕊《わらしべ》のように引きちぎっている。

ハヌマーンがエラワンに挑んだ。突き薙ぎする牙を身を開いてかわし、それを腕で捕るや、文字どおりの猿臂《えんぴ》を撃ちおろし、根元から破砕した——。

「膝の上を右掌で受けるさいは、左手で頭部をガードすること」師範が注釈する。

図 11-2　象牙砕き Hak Nguang Aiyaraa とその変化

A　基本形

これはメーマイ（母技）の 10 番目の技法であり、蹴りに対する「反撃技（コーンムエ）」として用いられる。蹴り脚を手で捕り、膝や腿に肘を打ちおろす。

敵：両手で顔面をガードし、我の脇を右脚で蹴る。

我：すばやく右足を前に進め、敵との間をつぶす。左に身をまわし、左手で敵の右足を捕り、それを高く持ち上げ、敵のバランスを崩して反撃を封じ、右肘を腿や膝に打ちおとす。

敵が左脚で蹴ってきた場合は、左右入れ替えて、同じように反撃する。

B　脚を捕るハヌマーン Hanumaan Bag Khaeng

ただし、『虎王の指南書』にみられる説明は本文と異なり、〈須弥山の持ち上げ〉系の技法になっている。

これは、蹴りに対する「反撃技（コーンムエ）」として用いられる。蹴り脚の下をくぐり、軸足を踏んで、顎に拳を放つ。

敵：踏みこんで我の首を右足で蹴る。

我：左足を斜め左側に踏みこみ、身を屈めて蹴り足の下に潜る。敵の軸足を右足で踏み、跳躍するようにして顎を右拳で砕く。（図では喉輪）

敵が左足で蹴ってきた場合は、左右入れ替えて同じように反撃する。

C　投げ潰し

倒した対手の急所に肘や膝を撃ちこむ。

角度をわずかに調整することにより、容易に対手を死にいたらしめるこの方法は、あまりにも危険として、現行の競技ルールでは禁止されている。しかし、反則も技の内。

年季の入ったムエタイ選手は、対手ともつれるようにして倒れこみ、偶然を装ってうまく肘や膝を入れている。

「すぐれたファイターは、ミドルキックの軌道を途中でハイに切り替えることぐらい朝飯前じゃからな」

「はい、でも、それが、スローとどうつながる……」

いってから、しまった、と思った。案の定、

「では、もういちど、蹴ってみなさい」

という有難いことば。

いわれるとおり、突いたり蹴ったりするたびに、痛い目にあわされるのだ。

トーンラウ師範は、きわめて親切なかただが、同時に、きわめて乱暴なお人なのだ。

いまにして思えば、希有《けう》なる体験であったが、当時のわたしは、この滅びかけた古武術がタイの貴重な無形文化財であることを、ただしく認識していなかったのだ。

ともあれ、受け身をとることを心がけ、右脚をまわし蹴りにふった。

師範は一定の手つづきでそれを左腕で捕り、巻きあげるようにして肩の上に運んだ。同時に体を前に進め、右喉輪《のどわ》を飛ばす。わたしはまたしても激しい勢いで地面に投げおとされていた。

「〈ハヌマーン・バッ・カエン〉（腓《あし》を捕るハヌマーン）（図11－2B）。アチャーンが道場やぶりを撃退したときに用いた技じゃ」

「いてて」

「この方法で、左腕で搦め捕った脚を離さず、対手といっしょに倒れこむことによって、下敷きにした対手の胸や腹に肘や膝を落とすことができる。この技は〝スロー&スタック〟（投げ潰し）（図11－2C）とよばれる。まあ、儂《わし》は優しいほうじゃから、そこまではせんが、な」

膝蹴りに対しても、同様の方法で対処する。

「敵が膝を飛ばしてきたら、おのれは体を開いてそれをかわし、手で対手の膝をすくい捕る。そして、もういっ

ぽうの手で首を推して、頭を地面に叩きつけてやればいい」

エラワン象の牙を砕いたハヌマーンは、こんどはその首を折ろうとして高く飛び上がるが、象の背に乗っていたインドラチッの矢を受け、地に頭から叩きつけられて、いっとき意識不明になるよう運命づけられていた――。

「この技を〈カンガン・トン・ロム〉（風に吹かれし風車）という（図11-3）。風車は、風を受けて、くるり、くるり、と回転する。けっして、風に逆らいはしない。そうして風の力《エネルギー》を別のかたちの力に換えておる」

母技は、パンチや蹴りよりも、身をさばいたり運んだりすることにこそ意味があるのだ。

（そう、風に吹かれた風車のように……）わたしは、ようやく思いいたった。

❖小をもって大を制す

母技の原理は、水牛に対しても、応用することができる。

あるとき宗師ケット・シーヤーパイは、弟子のトーンラウに訊いたという。

「きみは、これまでに水牛を倒したことがあるかね？」

弟子は首を横にふるしかない。

宗師は、少年時代をふりかえって語った。

――子どものころ、田んぼが遊び場だった。仲間としょっちゅう、たむろしていた。

「オレは、水牛をひっくり返すことができるぜ」

ケットがいった。仲間たちにエラそうな顔をしたかったのだ。が、

「バカぬかせ、小さなおまえが、あの大きな水牛に勝てるはずがない」

と、だれも、彼のいうことを信じようとはしない。

ケットは水牛に近づいた。そして、その両の角を掴み、右に力いっぱい推した。

図 11-3　風に吹かれし風車 Khanghan Tong Lom

この動作は、跳び膝蹴りに対するコーンムエ（反撃技）として用いられる。
敵：跳躍し、我の顎または胸に右膝を放つ。
我：左足を外側に進め、右手を膝裏に挿し入れる。同時に左手で胸や首を推す。そして、右手を上げて対手を仰向けにし、頭を地面に叩きつける。
敵が左跳び膝蹴りを放ってきた場合は、左右入れ替えて同じように反撃する。
要注意――稽古では、対手を軽く推すだけにとどめるべし。脳に傷害を負うため、じっさいに倒してはならぬ。
（『虎王の指南書』より）

とうぜん、水牛は抵抗し、首を左に戻そうとする。ケットは渾身の力をこめて腕を左にねじった。水牛は左側に横倒しになった。そして、起き上がると、とぼけた貌に怯えた表情を浮かべ、逃げていった。

仲間たちは、ケットをはやし立てた。

「おまえは、どえらい力持ちだ」

だが、少年ケットはすでに悟っていた。

（ほんとうは、オレ自身の力なんかじゃない。水牛の力なんだ。水牛は自分から転《こけ》てしまったンだ）と。

「これが、『チュー・パサート』（シャムの軍学・武術の根本文献）の基本的な考えである。小さな者が大きな者をひっくり返すことができる。小さな軍で大軍を撃ち破ることができるのじゃ」

宗師は、そういって、ことばを結んだという。

12 金剛石柱の破砕

ハッ・ラック・ペッ

❖トニー・ジャーのアクション

二〇〇六年、本書が武術誌に連載されていたとき、編集部のはからいで、ゴールデンウィークにロードショー予定のトニー・ジャー主演の『トム・ヤム・クン！』を、試写会にていち早く見ることができた。

「パフユッ（シャム拳法）は塩に似たり。パフユッの幸福は、それを持つ（会得している）者にあらず。それを味わう（観戦する）者にこそあり」

トニー・ジャーのアクションを映しだす銀幕が、そんなタイの古いことわざを囁いているようだ。期待にたがわず、パフユッの技のオンパレードである。

跳ぶ。

撃つ。

蹴る。

くわえて、折る。

シャムの伝統武術の知識のない人が、トニーの技は、テコンドーだ、いや合気道の影響を受けている、などと勝手なことをいっているのを耳にするが、そんなことはない、純然たる古式ムエタイだ。

これまでにも述べたように古式ムエタイの基本は、武器・徒手共通の体変化である「母技（メーマイ）」と、徒手固有の体変化である「子技（ルークマイ）」から構成されている。
いずれも、敵の攻撃に対し、左右の肘、拳、膝、足、そして頭の九つの部位による打撃のほか、投げや関節技でも対応できるようになっている。トニーの体変も、この母技と子技に基礎を置いているので、純粋なシャム武術と断定できるのだ。

それぞれ十五通りある母子技のうち、いくつかはすでに書いた。すなわち母技の、
①魚の互《たが》え歯《ば》（敵パンチ→その外側に入身⬇第7章、第10章）
⑤須弥山の持ち上げ（敵パンチ→身を屈めてかわす⬇第11章）
⑩象牙砕き（敵キック→その脚を腕ですくいあげるようにして捕る⬇第11章）
⑭猿を捕る夜叉（母技の攻防を適宜くみ合わせ、連続的に行なう⬇第5章）
および、子技の、
③乙女をさらう夜叉（パンチをかわして投げる⬇第9章）

本章では、少し趣向を変え、母技の、
⑧杭打ち（敵の蹴りを肘でブロックする）
⑪尾を捻《ねじ》られた竜（敵の蹴り足を捕って足首の関節を極める）
④蛇行剣をうがつイナオ人（敵パンチを、その内側にサイドステップしてかわす）
およびそれらの変形を、映画のなかで、トニーがいかに使いこなしているかを眺めてみることにしよう。『トム・ヤム・クン！』を見るときの参考にしてください。

❖〈杭打ち〉(パッ・ルーッ・トイ)

母技の第八技。敵の蹴り脚の脛《すね》に肘を垂直に撃ち下ろす技で、トニーはクンフー使いとの闘いのさいに多用している(図12−1A)。肘を深く折って尖らせ、脚のもっとも脆くて傷つきやすい部分である脛のなかほどを迎撃するのだ。脛と肘がぶつかりあった瞬間、対手《あいて》の脛骨がまっ二つにへし折れてしまうこともままある。

現在の競技ムエタイでは、肘ブロックは採点上評価されないためにほとんど見られないが、古式、とくにチャイヤー式で頻用される技法。チャイヤーは、敵の攻撃を肘と膝でブロックすることを流儀とするゆえに「ドリアン拳法(ムエトゥリアン)」の異名をとる。人体のなかでもっとも堅い部位である肘・膝が、ドリアンの実をつつむ鋭いトゲに喩えられているのだ。

〈杭打ち〉(パッ・ルーッ・トイ)の応用として、深く折り曲げた肘を脇にひきつけておいて、対手の体のさまざまな部位を突く。

たとえば、対手が首相撲からの膝蹴りにきたとき、その腿に肘を落とす。

また接近戦では、対手の腕、肩、みぞおちを痛打する。すばやく正確な〈杭打ち〉は、確実なダメージを与えることができる。

トニーは、跳躍し、対手の脳天の急所めがけての〈杭打ち〉も見せている。この技法は、とくに〈頭頂に雷《いかずち》を撃つ天神《ラーマスーン》〉とよばれている(図12−1B)。

❖〈尾を捻《ねじ》られた竜〉(ナーガ・ビッ・ハーン)

母技の第十一技。敵の蹴り足を捕《と》り、両手で足首を捻る技。基本形では、足首の関節を極めると同時に、ふくらはぎに膝を突き上げ、脚を瞬時に破壊してしまう(図12−2A)。

敵足を捕るさいは、『虎王の指南書』には、

図 12-1　杭打ち Pak Look Thoy

A　基本形

この〈母技〉は蹴りに対して、その脛に肘を打ちこむ、重要な防技なり。

敵：両手を上げてガードし、我の顔面に右まわし蹴りを放つ。

我：左足を後方に運ぶか、右足を半歩進めるかして、左に身を開き、右足に体重を乗せる。そして、左腕で顔面をガードし、右腕を深く折り曲げ、敵の蹴りに肘を打ちこむべし。

敵が左脚で蹴ってきた場合は、左右入れ替えて同じように反撃する。

要注意――稽古のときは、寸止めにして、肘の代わりに前腕を用いる。

B　頭頂に雷を撃つ天神 Ramasuun Kwang Kwan

これは、敵の両手を封じて跳躍し、頭に肘を撃ち下ろす技なり。肘撃つ者は、身を反らせて後退し、対手の腕を抑えながら突如、飛びあがる。実修者が正しく行うとき、美しい動作になる。

敵：ガードを高くして、前進。

我：敵の両手首を抑えて封じ、跳躍。右肘を即、頭に打ち落とす。

各動作は同時に行うべし。この跳躍は、この技の基本となるものなので、よく訓練されねばならぬ。

（『虎王の指南書』より）

図 12-2　尾を捻られた竜 Naaka Bid Haang

A　基本形

この〈母技〉は、蹴りに対する防御として用いられる。蹴り足を両手で捕って足首の関節を極め、同時に膝を突き上げて脚を破壊する。

敵：両手で顔面をガードし、我の脇、または顔面を右脚で蹴る。

我：すばやく蹴り足の方に向きなおり、体重を獅子歩（シンハヤーン）〔空手の前屈立ち〕のごとく左足に移す。蹴り足の先を右の前の手で、かかとを左手で捕り、足先を右手で外側にねじり、かかとを左手で引く。そして対手のふくらはぎに膝を突き上げるべし。

要注意――ひじょうに危険な技なので、稽古のときはじゅうぶんに手加減すべし。

B　槍揚ぐ将軍 Thuan Khun Suek

対手の蹴り足を捕り、顔面にカウンターの蹴りをいれるコーンムエ（反撃技）である。

敵：踏み込んで我の顔面を右足で蹴る。

我：〈尾を捻られた竜〉同様に蹴り足を両手で捕り、足首を捻りながら、敵の顎に横蹴りを付き入れるべし。

敵が左足で蹴ってきた場合は、左右入れ替えて、同じように反撃する。

C　金剛石柱の破砕 Hak Lak Pet

この技は蹴りに対し、その脚を両手で捕って破壊してしまう恐るべきコーンムエ（反撃技）である。

敵：踏み込んで我の顎を右足で蹴る

我：〈尾を捻られた竜〉同様に、右手で跳ね上がってきた足先を、左手でかかとを捕り、捻る。それから、前足を撥ね上げて敵の脚に掛けて下げ、同時に両手で足を上げて、敵膝を破壊すべし。

敵が左足で蹴ってきた場合は、左右入れ替えて、同じように反撃する。

「獅子歩（シンハヤーン）」〈空手でいう前屈立ち〉をし、敵の足先をキャッチすべし」

とあるが、前述の〈杭打ち〉から足捕りに移行してもよい。

わたしが習ったのは、敵の蹴りを「師なる構え（タークー）」で膝ブロックする、より安全確実な方法だ（第7章参照）。すなわち、膝を肘に触れるまで上げる。拳もまた、蹴り足が高く撥《は》ねあがってきた場合に備えて、こめかみ周辺をガードしなければならない。

膝でブロックした対手の蹴り足を、ガードの手を下ろして捕る。対手が脚を強く引き戻すか、逆に脚を推すようにして、我のバランスを崩そうとするかもしれないので、注意する。

ともあれ、おのれの両手首を交叉させ、右の蹴りであれば、右手でその足先を、左手でかかとを摑む。そうして右手を前に進め、左手を引いて、足首を大きく捻りこむ。

敵足はそれだけでダメージを負ってしまうが、さらに一撃を追加して、脚を完全なスクラップにする。

ふくらはぎに膝を突き上げる（このとき、捕った足を捻りながら推し下げる）のが基本だが、捕った足を引きながら、顔面に横蹴りを飛ばすのもいい。〈槍揚ぐ将軍〉という技だ（図12－2B）。

あるいは捕った足を持ち上げながら、その膝あたりにおのれの脚を跨ぐようにかぶせる（図12－2C）。すると、敵脚はいったいどんなことになるのやら……。〈金剛石柱の破砕〉という名が、この技の恐ろしさを語っている。

『トム・ヤム・クン！』のなかで、トニーは一度だけ、この技を使っている。

さらに、第9章で紹介した脚の一本背負い〈クンバカルナをたたきつけるハヌマーン神〉も、この方法で捕った足首を捻りながら、肩に担ぎあげる技だ。「投げる」ことよりも「砕く」ことに主眼を置いている。

また、これを腕に代えたのがトニーの多用する〈乙女をさらう夜叉〉（クン・ヤッ・パー・ナーン）の変形。捕った腕を捻りながら肩に乗せ、肘を無造作にへし折っている。

グラブを用いぬ、ゆえに手指を自在に使うことのできる古式には、こうしたタイプの関節技、あるいは関節と打撃の複合技が豊富にある。

❖〈蛇行剣をうがつイナオ人〉（イナウ・タエン・クリッ）

というより、「敵の攻撃を確実に防ぐ」——敵の第二撃目を食わぬところに身を遷《うつ》しつつ、即座に打撃、投げ、関節などの技で反撃に転じることを可能にする体変のコレクションが、母技なのだ。

たとえば、母技の第四技の〈蛇行剣をうがつイナオ人〉（イナウ・タエン・クリッ）。

イナオ人とは、インドネシア人のこと。蛇行剣（クリッ）とは、マレー系民族の第一の武器であるクリスをいう。したがって、プンチャクシラットから採り入れた技かもしれぬが、とまれ、敵の拳（あるいは武器）の突きを、サイドステップし、獅子歩のような体勢になってのがれる。そのさい、腰をするどく回転させ、同時に肘を水平に振って、敵の脇に突きこむのが基本形だ（図12－3A）。

同じ体変をしながら、腕をスウィングさせ、西洋のボクシングのクロスカウンターのように、対手の肩越しに顔面を拳で撃ちぬくと、〈首斬る那羅延天《ならえんてん》〉という技名に変わる（図12－3B）。那羅延とはヴィシュヌ神、すなわちラーマのこと。『ラーマキエン』の主人公が魔王の首を断つ場面にちなんだ必殺技だが、トニーはこれを腕折りに転用している。スウィングする腕を、敵腕に巻きつけるようにしてからめ、瞬時に肘を破壊してしまうのだ。

❖気持ちをこめる

トニー・ジャーは、『トム・ヤム・クン！』では、〝チャトゥラバート〟の末裔の象使いという役柄を演じている。〝チャトゥラバート〟というのは、かつての神王の親衛隊で、戦場で主君の乗る象の足元をかためた武術エリートだそうだ。

そして、今回の映画では、トニーは関節技を多用している。いや、関節技というより、関節砕きである。一瞬

図 12-3　蛇行剣をうがつイナオ人 Inao Thaenk Krit

A　基本形

この〈母技〉は、敵の直突きをかわし、近間から肘を脇にまわし入れるための基本技術である。

敵：前に歩を進め、我の顔面に左拳を突く。

我：左足をすばやく左斜め前に進め、ついで身を左に傾け、獅子歩のごとく左足に体重を乗せる。同時に、右腕を曲げ、肘を水平に振って、敵の脇に突きいれる。

敵が右拳を突いてきた場合は、左右入れ替えて、同じように反撃する。

B　首斬る那羅延天 Naaraai Ban Sean

このコーンムエ（反撃技）は拳の防御に用いる。敵拳の上にパンチをスウィングしてこめかみを撃つ（対手が絶命することもある）。

敵：右手でガードし、踏み込んで我の顔面を左拳で突く。

我：左足を左斜め前に進め、体重を左足に載せ、こめかみに右拳を振る。さらに左拳にて追撃するがよい。

敵が左拳を突いてきた場合は、左右入れ替えて、同じように反撃する。

※道場によっては、首へのハイキックを「首斬る那羅延天」とよぶところもあった。

にして関節を破壊する。これについては、

「古式ムエタイの新たな技をお見せするために、象が鼻を使って木を折るしぐさを取り入れました」

と、パンフレットは謳っている。しかし、この文言は、映画のCMのために上げたアドバルーンであろう。

タイには、〝リエド・リッ〟(Lerd Rit で「超絶した力」ぐらいの意)という軍隊格闘術が存在する。ラーマ五世時代に開発されたもので、古式ムエタイがもとになってはいるが、競技ムエタイでは禁止されている必殺技――たとえば、対手を投げ倒し、その頭を固い床かセメントに撃ちつけて命を奪ったり、この映画のように関節を折るなどして重傷を負わす技法を中心とした、いわば暗黒のムエタイだ。その意味で、仏教精神にもとづいたチャイヤー式などの古式諸流派とはおもむきを異にしている。

そして、(『トム・ヤム・クン!』上映当時の国王である)ラーマ九世のボディガードは、こうした裏の武術にひいでた、文字どおりの意味で、〝チャトゥラバート〟の末裔なのだ。

それにしても、人間の関節をあれほど簡単に折ることのできるものなのだろうか?


おそらく、タイ人独特のからだの使いかたに関わってくるのだろう。

ムエタイの強さの秘密は、徹底して脱力するところにある。

グターッと力を抜いて、キックでもパンチでもそのまま打って、インパクトの瞬間にだけ力をこめる。これが凄い破壊力を生み出すのだが、脱力は、タイ人の生得の体質みたいなものだ。

可能なかぎりグータラして、できるだけ力を抜く――タイ人は、百メートル歩くのも面倒くさがって、バイクタクシーを止める。妊婦は、リキんで赤ちゃんを産むのも面倒くさがって、すぐに帝王切開したがる。ふたたび、タイのことわざに曰《いわ》く。

「この世に寝るほど楽はなし。それを知らぬ阿呆は起きて働く」と。

ある意味で、うらやましい国民性なのだ。

逆にガンバリ性の日本人は、力を抜くべきところでも、なかなか力が抜けきらない。速くて強いキックを飛ばそうと思えば、どうしてもリキんでしまう。

わたしも、この原稿を書いているうちに、かなりリキんでいたのか、ひどく肩がこってしまった。しかし、ひょっとしたら――

タイ人とは、肩こりとは無縁な人種ではなかろうか？

ふと、そう思って、タイ料理店で働くタイ語ペラペラの友人にメールで訊いてみた。彼女の答えがなんともイカしていたので、そのまま掲載させていただくことにする。


タイ人にも肩こりはいますよ。

よく、バイト先のピー（お姉さん）に揉まされていました。ただ、日本にいるタイ人ですから、働きかたや気候など、タイで暮らしているよりも肩がこる要素は増えるかもしれないですね。

以前、タイマッサージを仕事としている日本人の友達と、こんな話をしたことがあります。同じ技を使っても先生（タイ人）と自分とでは明らかに違う。そこで先生に、どうしたらいいのか、しつこく質問をするのですが、先生が答えるのは、

「気持ちを込める」

のみ。

また、料理に関しても、普段はタラーッとしているのに、作り出すとスパッと仕上げる。同じ分量を入れても、わたしが作るのとどこか味が違う。これの答えも、

「気持ちを込める」

でした。友達とわたしは、

「タイ人って、神通力や念力の類いを使いこなすんでは？」

と、冗談まじりでいっていたのですが、もしかすると、ムエタイの強さの秘訣でもある、

「グターッと力抜いて、インパクトの瞬間だけ力をこめる」

が、キーワードなのではっ!?　それによって、いざというときの並々ならぬ集中力＝「気持ちを込める」が養われているのでは？

そう考えると、グターッて、とても大切なことなんですね。グータラ好きのお気楽タイ人、なかなか侮れないぜ！

……侮れないのだ。

グータラ（脱力）しながら、コンマ何秒の刹那《せつな》を見切って、その一瞬に最大限の気持ちをこめる。それによって、金剛石（ダイヤモンド）でできた柱をすら、粉砕してしまうことが可能になるのだ。

『虎王の指南書』は母技との関連を特にうたっていないが、トニーが映画で見せた「腕を折る子技」を三つ紹介する（図12-4A〜4C）。

図 12-4　腕を折る子技

A　矢を折るラーマ Praraama Hak Sorn

このコーンムエ（反撃技）は、敵の肘を捕り、捻り上げて肩を極めるために用いられる。

敵：左手を上げてガードし、踏み込んで我の顔面に右肘を振る。

我：左足を斜め前に進めて間をつぶし、（肘打ちからのがれるために）左手で肘を捕り、同時に右手で手首を捕る。そして右手を下げ、肘を捕った左手を推す。敵の肘ないしは肩は砕けてしまうであろう。

敵が左肘で攻撃してきた場合は、左右入れ替えて、同じように反撃する。

B　手摺を奔る鼠 Nuu Tai Rao

このコーンムエ（反撃技）は、ストレート・パンチに対し、脚／膝でカウンターをとる〈師技〉である。

敵：踏み込んで我の顔面を右拳で突く。

我：右手を撥ねあげて敵の右手首を捕る。同時に左手で肘を捕り、身を後ろに反らして敵の腕を引き、右膝／脚で敵の脇をカウンターする。

敵が左拳を突いてきた場合は、左右入れ替えて、同じように反撃する。

C　長柄を折る脇 Rakrae Hak Khan

このコーンムエ（反撃技）は、ストレート・パンチに対する防御に用いられる。顔面に向けられたパンチを腕で払いのけ、手首を脇で捕り、肘を掌で撃つ。

敵：左手でガードし、踏み込んで我の顔面を右拳で突く。

我：斜め前に歩を進め、体重を右足に載せ、身を反らせて敵の腕を左腕でブロックし、その手首を脇で捕る。そして左掌で肘を撃ち、腕を折る。

13 おしっこ洩れそ

タワーン・イオ

❖基礎訓練

シャム武術の、十五通りある母技の第一～四技は、歩法の要訣をしめす。

第一技〈魚の互《たが》え歯《ば》〉では、片足を斜め前に運び、もう片足をそれに添わせるように送る。この二歩で、対手《あいて》の攻撃の外側に、真半身《まはんみ》になって入身することができる。

第二～四技は、一歩足《ほそく》で対手の攻撃を封じ、同時に反撃するための体さばきだ。

第四技〈蛇行剣をうがつイナオ人〉については、前章で記した。本章では、

第三技〈槍を擲げるジャワ人〉

第二技〈巣から覗く鳥〉、そして、これに続く、

第十五技〈魔象の首を折る〉

を見る。

が、その前に――。

「タワーン・イオ（おしっこ洩れそ）じゃ」

と、チャイヤー拳法のトーンラウ師範が声を張り上げる。

五人の兄弟子たちが、お尻を、くりん、くりん、とまわし始める。かなり異様な光景だが、稽古の準備体操である。

それにしても、「おしっこ洩れそ」（タワーン・イオ）とは、なんと締まらぬエクササイズ名であることか！

準備体操には十のエクササイズがあり、それぞれが拳法の動作の基礎訓練になっている。

たとえば、「三歩制圧」（ヤーン・サーム・クム）。シャム武術でフットワークをさす用語だが、この場合は歩法の基礎訓練をいう。

基本の構えから、後足をまっすぐ前に進める。しっかりと踏み出すや、足先を、ひょん、ひょん、と真横に移動させる。右足を進めたときは右側に二回、左足のときは左側に二回。左右の足でこれをくり返し、前進する（図13－1A）。

この歩法に修熟すると、足をまっすぐに出すという第一の動作を省略し、すぐさま任意の場所に足を置く第二、第三の動作に移ることができるようになる。足先は緩急自在な弧をえがいて奔《はし》る——スピードアップをはかれる、ということだ。

また、「緩められた楔」（サラッ・カーン）および「庭往く幽霊」（サーン・ターン・サワン）は、肘打ちの基礎訓練だ。基本の構えから、一歩足を前に踏み出し、同じ側の肘を突き上げる。

そのとき、手のひらが同じ側の耳を覆うようにする——すなわち、ボクシングのアッパーカットのように肘を垂直に振るのが「緩められた楔」。手の甲が反対側の耳に向くようにする——ショベルフックのように斜めに振るのが「庭往く幽霊」だ。

いずれも、左右交互にくり返して前進する（図13－1B、1C）

図 13-1　基礎訓練

これらのエクササイズは始めはゆっくりと行えばいい。熟達するにつれ、スピードアップしていく。

A　三歩制圧 Yaang Saam Khum

①直立。
②利き手とは逆の方の足を一歩踏み出し、足先を２度真横に等間隔に動かしてみる。
③もう一方の足を前に進め、同じプロセスをくり返す。

B　緩められた楔 Salak khaang
両腕の基本のポジショニング、および肘打ち、肘ブロックの基礎訓練
①両足を肩幅ほど開いて立ち、左右いずれかの腕を上げる。そのとき肘をまっすぐ前方に突き出すようにし、手のひらが同じ側の耳を覆うようにする。
②この腕を下ろし、もう一方の腕を同様にあげる。これを交互にくり返す。

C　庭往く幽霊 Saang Thaang Sawan
〈緩められた楔〉とは別の腕のポジショニング
①直立し、片足（利き手にしたがう）を前に進める。同時に同じ側の腕を上げる。このとき手甲が反対側の耳に向くようにする。
②このプロセスを左右交互にくり返す。

D　鵞鳥の戦争 Prachan Suek Haan
膝蹴り、膝ブロックの基礎訓練
①両足を適度に開いて立つ。
②膝でおのれの胸を蹴るように片脚を鋭く上げる。軸足は爪先立ちになる。これを両膝で交互にくり返す。

この所作に修熟すると、敵の動きに応じて反射的に肘打ち、肘ブロックが出せるようになる。

膝蹴り、膝ブロックのためには「鵞鳥の戦争」（プラチャン・スエッ・ハーン）。

左右の膝でおのれの胸を蹴ることをくり返す（図13－1D）。


「おしっこ洩れそ」（タワーン・イオ）は、腰ふり運動である。

両足を肩幅ぐらいに開いて立ち、手を腰にあてがう。そして、フラフープをするときのように、腰をクルクル回転させるのだ。

このエクササイズの目的は、体を柔軟にし、柳のような腰をつくることだ。拳士は柔軟な腰をつくり、その状態を維持しなければならない。柔軟性は、対手の拳または肘を避けるさいに役立つ。腰をわずかに後方に移動させることによって、それから完全にのがれることができるのだ。

「ほれ、このようにクタ〜と力を抜いて、なめらかに腰をふる」と師範。

くうぃん、くうぃん。

くで骨盤を前に突き出し、うぃんで後ろに引きまわす。一方向に適度にまわした後は、逆回転。

「よきスキルとは、脱力したテクニック、をいう。だから、テクが良くなるほどに、リラックスできる。そして、リラックスすればするほど、かんたんに対手を見切ることができる、ほれ、ほれ」

師範のしぐさは剽《ひょう》げた味をかもしているが、若い弟子たちのそれは、どこか生臭い。

「腰を前にやるとき、尻《けつ》の穴を締める。すると（小便が洩れそうなときも、尿道が閉じて）ちびらずにすむ」

力の入れかたの按配をいっているのだろう。

（それにしても――）と、またも思う。

なんという言いぐさだ。

日本の古武術のほとんどは神仏に授けられたとされ、技に排泄や性行為を連想させる名をつけることなどまずない。

古式ムエタイも、ヴィシュヌ神の化身であるラーマによって始められたとされる。神伝だ。技名も『ラーマキエン』にもとづくものが多い。が、エクササイズの名や師範の説明には、これ以外にも、ひんぱんに下ネタがからむのだ。

たしかに、そうしたことばを聞くと、一瞬にして、緊張がゆるんでしまうのだが……。


「それでは、突いてきなさい。今日のレッスンの始まりじゃ」

師範はわたしをうながした。

❖〈槍を擲《な》げるジャワ人〉（チャワ・サッ・ホック）

母技の第三技の〈槍を擲げるジャワ人〉（チャワ・サッ・ホック）は、近間《ちかま》からおのれの顔面を狙った対手の拳ないしは武器の突きを、足を斜め前に一歩進めてかわす体変である。

たとえば、対手が左ストレートを射る。我、右足を右斜め前に運び、その足に体重を乗せることによって顔の位置をずらし、敵拳に空を切らせる。同時に腰をするどく回転させて、対手のみぞおちに左肘を突き入れる――というのが基本形である（図13‐2A）。

「敵のパンチの内側に踏みこんで肘を振る〈蛇行剣をうがつイナオ人〉（イナウ・タエン・クリッ）とは、対になる体変じゃ」と師範は説く。

「が、いずれもみぞおちが目標になる。対手がリア・ストレート（踏みこんだ足とは逆の拳を出す突き）でパン

図 13-2　槍を擲げるジャワ人 Chawa Sad Hok

A　基本形

この〈母技〉は、敵のストレートを、その拳軸の外側に歩を進めることによってのがれ、肘で反撃するための基本技術である。

敵：右足を前に進め、我の顔面を左拳で突く。

我：右足を右斜め前に進め、獅子歩（前屈立ち）のすがたになる。同時に、左腕を曲げて肘を尖らせ、敵の脇を突く。

敵が右拳を突いてきた場合は、左右入れ替えて同じように反撃する。

要注意――稽古では、寸止めにして、決してじっさいに肘を脇に突きいれてはならぬ。ゆっくりとした動作で訓練すべし。誤って肘が入ると、危険な状態になりかねぬ。

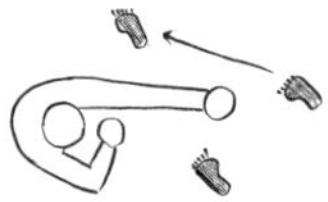

B　円盤を射つ那羅延天 Naaraai Kwaang Jak

この〈反撃技〉は、強力な拳撃で脇を破壊するカウンターに用いる。

敵：右手でガードし、踏み込んで我の顔面を左拳で突く。

我：右足を右斜め前に進め、体重を右足に載せ、敵の右脇または顎にスウィング・パンチをたたき込む。脇や顎は砕けるであろう。

敵が右拳を突いてきた場合は、左右入れ替えて同じように反撃する。

C　槍撃つ将軍 Khun Suek Tee Thuan

この〈反撃技〉は、敵のストレートを、腹や脇を蹴って防ぐために用いる。

敵：踏み込んで我の顔面を左拳で突く。

我：右足を斜め外側に踏み出し、体重を右足に載せ、敵の左拳を肩越しにやりすごす。同時に右足を軸に、敵の脇を左脚で蹴る。

敵が右拳を突いてきた場合は、左右入れ替えて同じように反撃する。

（『虎王の指南書』より）

また、WMC（世界ムエタイ評議会）発行のパンフレットにも、〈槍撃つ将軍〉についての説明がある。

「これは、パンチ攻撃に対し、横に身を反らしてかわし、対手のボディや顔面にカウンターの蹴りを入れるひじょうに危険な体変である。対手が左ストレートを打つ。我は、右にサイドステップし、体重を右足にシフト。そして腹や顔面を左脚で蹴る。両方の脚の蹴りが反射的に出るまで稽古する。この技でもっとも重要な動きは、反撃を可能にする横に動くフットワークである。」

チに体重を乗せれば乗せるほど、肘の衝撃はより強力なものとなろう。その威力は、対手を眠らせ、ときに心臓を止めてしまうこともあるほどじゃ」

ムエタイのルーツのひとつは、戦場の白兵戦にさかのぼる。刀を執った闘いで鍔迫り合いになると、敵のバランスを崩しながらの肘打ちや膝蹴りが死命を制する。ために、武器術（クラビー・クラボーン）を補佐するかたちで発達した古式ムエタイでは、肘・膝が、拳や足よりも重視されるのだ。

「槍を擲《な》げるように」は、古式において肘打ちの要諦を形容する常套句である。

足を捻《ねじ》って、腰に技を与える。

腰を切って、肩に力を伝える。

肩を回して、肘に威を加える。

拳にくらべ射程距離のみじかい肘は、全身の回転力を効率よく用いて、

――遠くまで飛ばす

つもりで発射しなければならない。

いっぽう、拳をスウィングする動作は「円盤（輪状の手裏剣）射《う》ち」に喩えられ、同じ体さばきで敵の脇や顎をパンチングする技は、〈円盤を射つ那羅延天《ならえんてん》〉とよばれている（図13－2B）。

また、斜め前に踏みこんだ足を軸にしてまわし蹴りし、敵ボディに脛《すね》を食いこませれば、〈槍撃つ将軍〉という技になる（図13－2C）。

ちなみに、ムエタイのまわし蹴りは、まず膝で対手の動きを追い、膝のスキップを効かせ、最短距離の直線で蹴りこむというものだ。それゆえ、脛で蹴ることができないときは、膝蹴りにスイッチすればよい。この場合は、〈乙女を吊り上げる〉（ヨッ・ナーン）とよばれる技になる。

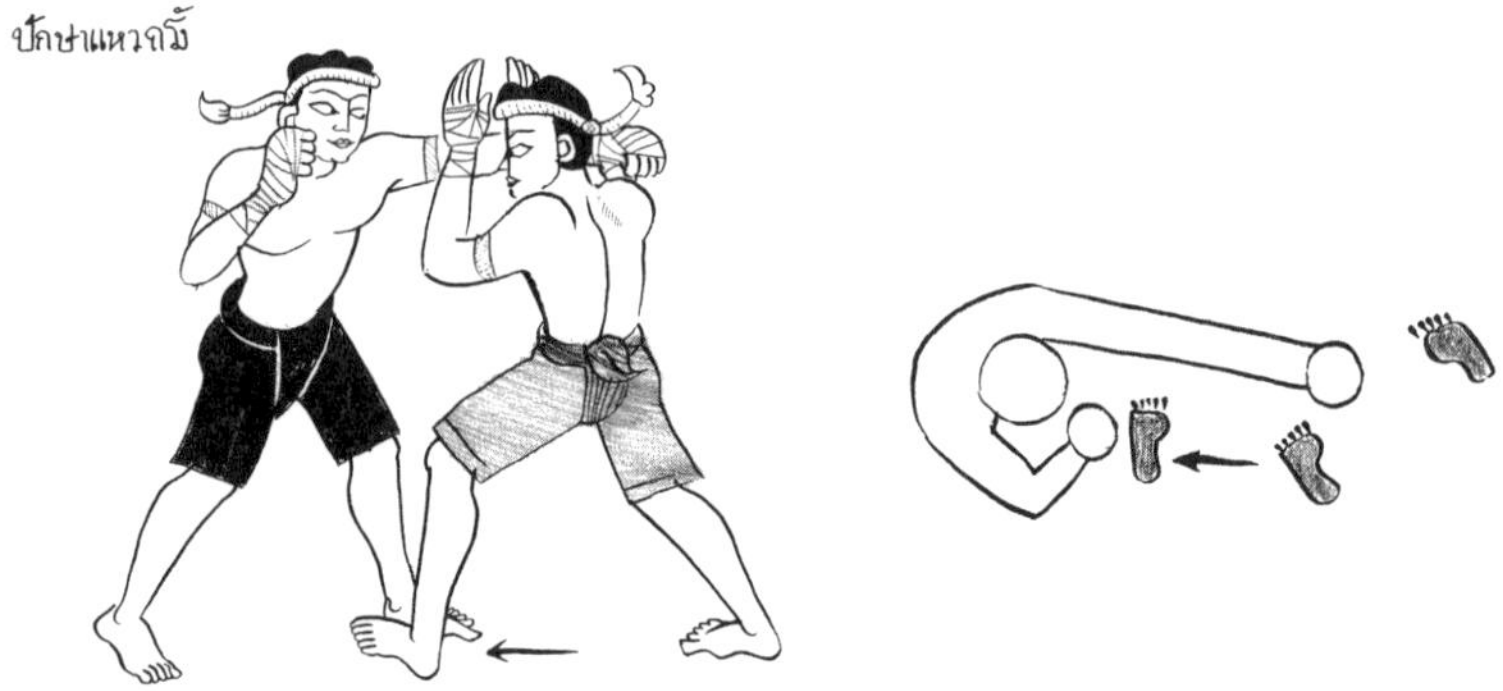

図 13-3　巣から覗く鳥 Paksa Waeg Rang

この〈母技〉は、対手のふところに入りこみ、他の技につなげるための師技（マイクー）である。

敵：踏みこみ、我の顔面に左拳を放つ。

我：すばやく斜め左前に歩を進め、対手の左腕の内側に入り、左足に体重をのせる。敵拳にそなえ、両手を合掌するごとく接近させて、両肘は１尺〔約 30㎝〕ほど開け、頭顔面を守る。そして、対手の右拳に注意しながら、おのれの右拳を顔面に突きこむべし。あとは左拳、左肘、右足、右膝などの身体のすべての部分を用いて追撃すればよし。

敵が右拳を突いてきた場合は、左右入れ替えて同じように反撃する。

（『虎王の指南書』より）

❖〈巣から覗く鳥〉（パクシャー・ワエ・ラン）

つぎに〈巣から覗く鳥〉（パクシャー・ワエ・ラン）。これは母技の第二技。

対手がストレートを突く。我は、足を一歩前に進める。そのとき、マイク・タイソンの覗き見（ピーピング）スタイルみたいに顔面を両手でしっかりとガードし、敵拳の流れに逆らわぬようにして身を回し、対手の内側に真半身になって入身するのが、この体変化の特徴だ（図13−3）。

敵拳の外側に転身して入身する第一技、〈魚の互え歯〉とは対をなす動作である。

対手に対して完全に横向きになっているため、正中線に並ぶ急所を敵にさらさずにすむ。しかもこのポジションを取れば、肘や拳による打撃、あるいは関節、投げ技と敵を好きなように料理することができる。たとえば——。

❖〈魔象の首を折る〉（ハッ・コー・エラワン）

対手の首を捕って、腹部や顎への膝蹴りにつなぐ母技の第十五技。

師範は、〈魔象の首を折る〉（ハッ・コー・エラワン）をゆっくりとした動作で演じてみせてくれた（図13－4A）。

「ははあ、首相撲に入るための手続きですね」

一目瞭然だ。これまで教えられた母技のなかで、もっともムエタイらしい動作といってよい。

首相撲は、両手で対手の首を捕り、押したり引いたり、ときには投げたりするムエタイ独特の技である。ムエタイは膝蹴りを多用する競技だが、膝を有効に使うために首相撲は欠かせない。膝蹴りを放つときに対手の首を捕り、それを引き寄せながら蹴ることで、より大きなダメージを与えることができる。また首を捕ることで、対手の自由を奪い、動きを止めて、確実に技を決められるのだ。

だが、師範は、

「これは、クリンチではない」

と、わたしのことばを遮った。クリンチは、首相撲をさす英語だ。

「首を捕って、対手をコントロールしようというのでない。首に手をかけたら、即座に跳び膝を喰らわせるのだ」（図13－4B）

「……」

「そもそも、クリンチしながら膝をネチネチぶつけ合うようになったのは、グラブマッチになってからじゃ。しかも、この二十年くらい（一九六〇～七〇年代）だな。手に紐を巻いて闘っていたころには、そんな悠長なことをしているヒマはなかった。紐じたいが凶器だったからな――」

広く信じられているような、紐にガラスの粉をすり込ませるようなことは、実際にはなかった。しかし、紐に巻貝の殻のような結び目をつくることは黙認されていたし、一度も洗われることもなく使いまわされる紐には、これまで吸ってきた敵の血が砂礫《されき》のような粒になってこびりついている。クリンチしているとき、対手に紐を巻いた拳で顔や腹を強くこすられると、そこの肉が柘榴《ざくろ》のようにはぜてしまうのだ。

図 13-4　魔象の首を折る　Hak kho Eraawan

A （左）ウタイ・シンドゥーサン『シャム拳法（パフユッ）の八武器 Pad-Aawut Pahuyudh』より

この動作は、前方に踏み込んで対手を引き落とし、その顔面や胸を膝で蹴りあげるために用いられる。

敵：踏み込み、左拳を放つ。

我：左足を前に進め、両手を前にさしだし、顎を引いて、敵拳を腕の横にやりすごす。そして両手で対手の頭を補り、引き落としながら膝を突き上げる。

B （右）『虎王の指南書』より

この母技は、対手が前膝を屈して（獅子歩）攻撃したときの反撃に用いる。対手の膝を踏んで跳躍し、膝を飛ばすのである。

我、敵の左腿を左足で踏み、両手で首を捕り、右足を撥ね上げて膝で胸を蹴る。

敵が右足で踏み込んできた場合は、左右入れ替えて同じように反撃する。

それゆえ、対手のふところに入ったら、首相撲にもちこむのではなく、間髪おかずに仕留めにいくのが、〈魔象の首を折る〉のほんらいのやりかたである。

とはいえ、先代のケット・シーヤーパイ師のころは、チャイヤー式の拳士（ボクサー）もグラブをはめ、近代ムエタイのリングで闘っていた。そのため、首相撲もいちおう心得ているし、その対処法も研究されている。

たとえば、対手が首相撲にきたら、体を旋回させてそれをはずし、対手の眉間に、肘を打ち下ろす。あるいは、両腕で対手の腰をかかえこみ、顎で胸を押して、サバ折りの要領で浴びせ倒しにする。

「宗師（アチャーン）は、クリンチはチークダンスだ、とよくおっしゃっていた。キミはボクサーだが、いまのムエタイはダンサーばかりだ。対手はガールフレンドじゃないだろ。なのに、なぜハグしたがるのかね？　それに、お客はファイトを観るためにカネを払っている。クリンチばかりの試合なんて見たいものか。そんな野郎には、尻《けつ》を舐めさせてやれ、ってな」

「尻を舐めさせる……？」

「ああ、スロー&スタック（投げ潰し）のことじゃ。対手が首を捕って膝を飛ばしてきたら、その膝裏を手ですくいとる。そしてもういっぽうの手で顎を押しながら、対手の体を持ち上げ、マットに投げ捨てる（〈風に吹かれし風車〉（第11章参照））。そして、倒れた対手の顔に膝か尻を落として、とどめを刺す」

14 森を歩むラーマ

プララーム・デアン・ドン

❖まわし蹴りの謎

蹴り。

日本人がムエタイを〝キックボクシング〟と混同していることからも窺えるとおり、ムエタイを特徴づけている技である。

足は、攻撃、カウンターに用いるロングレンジ用の武器で、良きタイボクサーは例外なく良きキッカーである。

蹴り技は多種におよぶが、ムエタイでキックというときは、まわし蹴りのことを指すと考えてよい。ところが――

ところが、である。

古式に、まわし蹴りはない。

いや、あるにはある。これまで紹介してきた母技（メーマイ）の〈杭打ち〉、〈象牙砕き〉、〈尾を捻《ねじ》られた竜〉は、敵のまわし蹴りに対するカウンターだ。しかし、おのれが、すくなくとも基本形で、まわし蹴りを使うわけではない。

子技（ルークマイ）には、まわし蹴りの用法もいくつかある。が、いずれも下段への蹴り――ローキックというより、敵の軸脚を刈る足払いだ。

古式ムエタイの中核をなす母子技には、われわれが今日のムエタイから想像するような、上段・中段へのまわし蹴りはない、ということだ。

これは、いったいどうしたことか？

わたしは一ヵ月におよぶチャイヤーラット道場滞在中、トーンラウ師範に幾度か質問した。

「まわし蹴りは……ハイキックは使わないのですか？」

そのたびに、返ってくる答えはちがった。いわく、

「テッ（まわし蹴り）は実用的ではない」

「ティープ（前蹴り）こそが、本来のキックじゃ」

「テッを囮《おとり》に使うことはある」

さらに、こんな応えも——

「チャイヤー拳法は、仏教武術である」


本章では、ムエタイではほとんど語られることのない前蹴りを見てみよう。

❖前蹴りの基本

稽古の準備体操に十のエクササイズがあり、それぞれが拳法の動作の基礎訓練になっていることはすでに述べたが、ここにもまわし蹴りのためのエクササイズはない。

前蹴りの基礎訓練を「胸打ち」という。頭上に両手をさしのべ、左右いずれかの足甲で叩くことをくり返す。そのとき、膝がおのれの胸を打つので、この名がある（図14－1）。なお、この訓練は後日、インドのカラリパヤットの道場で、いやというほどやらされるはめになる。

図 14-1　胸打ち Khwaan Ok Insee

このエクササイズもはじめはゆっくりと行えばいい。そして、実戦でこの蹴りを使用する自信がつくまで、じょじょにスピードアップしていく。このタイプのキックは、敵の顎を下から直撃するものだ。金的を狙うのもいい。これは、試合以外の場（ストリートファイト）で有効である。胸打ちの別の使い道は、即座の追撃を要するときである。これが対手を殺しかねない必殺技であることを、つねに心に留めておかなければならない。

（Panya Kraitus *MUAY THAI* より）

①足をそろえて直立したあと、両足を適度に開く。

②次に、両手を体の上にまっすぐに伸ばし、左右いずれかの足で同じ側の掌または指先を蹴り上げる。

古式の前蹴りは、通常、
○腰から下の下段蹴り
○腹・胸への中段蹴り
○跳び蹴り
の、三種をかぞえる。

用いる部位は、目的や情況に応じ、足甲、つま先、足裏、かかと。

空手のように足刀も用いる。この場合、横蹴りとすべきであろうが、前蹴りと特に区別されてはいない。

前方または横に脚を擲《な》げ、同時に腰をねじることによって向きを操縦し、膝と足首のスナップを利かせて、敵の胸や下腹部に蹴りを撃ちこむ。

急所のピンポイントにつま先を突き刺す法は、〝ネブ〟（突き蹴り）と称される。

顔面への上段蹴りもあるが、後述する理由で、リストから外されている。

跳び蹴りは、逆に、意表をつくがゆえに効果的とされる。二つのステップからなり、最初のステップで跳躍し、足を替えて蹴る。たとえば、右で蹴りたいのであれば、左足で踏みこみ跳躍する。そして、空中で右足を垂直に撥《は》ねあげ、顎を蹴る。この種の蹴りの体の使いかたは、前章で述べた〈魔象の首を折る〉の膝蹴りに似る。

❖〈柱を支えるモン人〉（マオン・ヤン・ラック）

「これぞ、（古式）ムエタイ本来のキックじゃ！」

と、師範の主張するのが、母技の第七技〈柱を支えるモン人〉（マオン・ヤン・ラック）。

拳を突いてきた敵の下腹からみぞおちあたりを前蹴りする。〈槍を擲げるジャワ人〉の歩法のように、軸とする足を斜め前——対手《あいて》の拳の外側に一歩進めて、蹴り足を飛ばすのが基本だ（図14-2A）。これは第1章の図1

－1の⑤で紹介した〈跳ねる馬〉とも称される。

敵の突進をくい止める、あるいは間をつくるための〝ストッピング〟として今日のムエタイでも広く使われているほか、武器術であるクラビー・クラボーンにおいても頻用される。

このときの蹴り足をもうすこし上げて、対手の顔面を捉えれば、子技の第二技〈足で顔を拭く〉という技になる（図14−2B）。

しかし、武器・徒手共通の体変、いいかえれば戦場での体さばきから生まれた母技に上段蹴りがなく、子技にこれがあるとは如何なことか？

「チャイヤーは、いまのムエタイとは似ていない。いまのはリングスポーツじゃよ」と、トーンラウ師範は一刀両断した。

「ポイントを稼いで金を儲けるための、見映えのいいキックが幅を利かせている。そもそも、いまのムエタイの構えは、ひとえにキックの高さとスピードを増すためのものじゃ。ムエタイの採点では見栄えのいいテッ・カンコー（ハイキック）が、高くポイントされるでな。しかしチャイヤーは、戦場やストリートファイトからサバイバルするための手段よ。戦場では、ひくく構え、テッ（まわし蹴り）も高いティープ（前蹴り）もほとんど用いない――」

まわし蹴りは、動きが大きいため、バランスをくずしやすいし、かわされやすい。股間が広く開くため、実戦では金的を狙われる。また、膝や肘でブロックされれば、おのれの足甲や脛《すね》を傷めてしまうことになる。当たれば威力はあるが、リスクも大きいということだ。

上段への前蹴りも、バランスをくずしやすい。

そうなれば、手痛い反撃を食うことにもなる。蹴り足をつかまえられて軸脚をはらわれれば、すぐに転がされてしまう。じっさい、子技には、顔面蹴りに対するそうしたカウンターも用意されている。

図 14-2　柱を支えるモン人 Maun Yan Lak

A　基本形

この母技は、敵の胸または腹を足で突き放すものにして、拳（や刀）に対する主要な防御技の一つである。

敵：踏みこみ、我の顔面に左拳を突く。

我：右足を進め、上体をひねって、拳を避ける。両手で顔面を守り、同時に敵の腹または胸を左足で前蹴し、突き放す。敵が右拳を突いてきた場合は、左右入れ替えて同じように反撃する。

B　足で顔を拭く Baathaa Luub Pak

この子技は拳に対する防御に用いる。手で拳を後ろに払い、顎に前蹴りを放つ。

敵：右拳で顎をガードしながら左足で踏みこみ、我の顔面に左ストレートを放つ。

我：左拳を上げ、左足を前に踏みこむ。敵がつづけて右拳を打つために身を動かしたときは、すばやく右手で敵の左拳を捕り、我の右側に引いて防御する。そして、間髪おかず右足で敵の顎を蹴るか、前足で敵の顔面を抑えるかする。それから、身を左に曲げ、体重を右足先にかけ、両手で胸をガードする。

敵が右拳を突いてきた場合は、左右入れ替えて同じように反撃する。

C　しんがりの兵 Yothaa Sinthop（『シャム拳法の八武器 Pad-Aawut Pahuyudh』より）

①我、敵の臍につま先を突きこみ、

②跳躍して敵の顎を右足で蹴る。

この技は攻撃、防御、回避に用いられる。

防御するには：つま先立ちになって敵の左側面に身をひねり、左肘を上げて蹴りに備える。

反撃するには：敵のかかとを左拳で弾きあげ、他の技につなぐ。我が左利きの戦士であるなら、左右を逆にする。

実戦で倒されることは、致命的だ。

いまのムエタイのハイキックは、倒れた対手に攻撃を加えてはならない、というルールがあるからこそできる技なのだ。

「それに対し、射程距離のもっとも大きいティープでの中段蹴りは、最短距離を奔《はし》って対手の攻技にストップをかけることができる。こちらがバランスをくずすことも少ない。みぞおちへのネブ（突き蹴り）は一発で対手を昏倒させる。たとえ、一発で倒せなくても、対手は体勢をくずす。テッは、そうして対手をくずして、反撃できない恰好にしておいてから、使うものじゃ（図14－2C）」

と、師範はつづけた。

❖微笑みの背後に潜むもの

〈柱を支えるモン人〉という技名についても、すこし説明を要しよう。これは、『ラーマキエン』とは無縁で、タイ族の歴史にかかわるものだ。

柱（ラック）とは、タイ（シャム）族の邑《くに》を守る聖柱である（第3章参照）。

モン人は、タイ国の先住民である。

そのモンがタイの柱をささえている——そんな意味だ。

六～十一世紀、現在のタイ国領と重なるようにして栄えたモン族の国があった。〝ドワーラヴァティー〟とよばれるその王国は、シャム族到来以前のインドシナの覇をアンコール王国と競い、上座部仏教にもとづく高度な文明を築きあげた。

十二世紀、アンコール・ワットを建立したクメールのスーリヤヴァルマン二世の勢力がチャオプラヤー流域におよぶと、かれらの王国は衰退を始め、十三世紀には雲南から南下してきたシャム族に屈する。しかし、かれらの文明は生きのび、のちのタイ文化に橋渡しされる。

モン族は武術にもすぐれた民で、その技術もまたシャム族に吸収された。たとえば、クラビー・クラボーンの二刀術（ダーブ・ソーン・ムーン）はモン族から伝えられたとされ、タイの今日の古武術のなかにも、シータイラート流などモン起源を誇りとしている流派が存在する。また、ムエタイの試合中に演奏される〝ムアン・ラーム・ダーブ〟は、モン武術の伝統に敬意を表してつくられた楽曲だ。

してみると、〈柱を支えるモン人〉も、モン武術からとりいれた技であろう。

しかし、シャムがモンから継承した最大の財産は、上座部仏教であった。そして、仏教の伝来によって、シャム族の精神生活は、大きく変容した。

たとえば、「微笑みの国タイ」などという。

それまでの征服戦争にかける情熱にかわって、宗教に対する情熱が民族全体を支配するようになった。それ以来であろうか、タイ人の表情に独特の微笑がこびりついてしまったのは。仏教に顔施《がんせ》ということばがある。人びとに笑顔を見せることが仏の功徳に通じるというのだ。

が、微笑は、あるいは仮面にひとしい。心理学者のユングが指摘したように、仮面《ペルソナ》は内心の思いを他人に見せないための手段にちがいない。タイ国とタイ民衆の真の姿は、城館が城壁の後ろに隠れているように、微笑の背後にこそ隠れているのである。

タイ人は怒りをすぐに爆発させるようなことはしない。仮面の裏に籠城《ろうじょう》する。

が、寄せたる者、図にのっての強引な力攻めは避けたほうがいい。誇り高き戦士は、討って出る。そして、おのが生命《いのち》を賭して、敵を殲滅《せんめつ》せんとするのである。

かようなタイ人の精神性は、古式ムエタイの闘いかたにも、たしかに投影されている。

防御《まもり》を第一義とする。

つぎに、対手の仕かけに合わせて、おのれの身を処する。おのれからは仕かけずに、敵の力をたくみに利用し、変化自在に動く。

敵はおのれの力をもって、滅びてゆくのである。

❖〈はね返される光輝〉(ウィルーン・ホッ・クラブ)

「オレが蹴るから、〈ウィルーン・ホッ・クラブ〉で抑えてみな」

と、兄弟子のパヤオがいう。彼はラームカムヘーン大学の古武術愛好クラブのキャプテンで、ブッダイサワン流のクラビー・クラボーンの使い手だ。古式ムエタイもクラビー・クラボーンも、基本となる母技は共通している。

母技の第十二技の〈ウィルーン・ホッ・クラブ〉は、〈はね返される光輝〉と訳される。光輝とは、テッのこと。すなわち、敵のまわし蹴りを迎撃する技である。


対手が蹴ってくるそのとき、蹴り脚の腿の付け根を前蹴りする(図14-3A)。

かかとをハンマーのように撃ちつけてやるのだ。

大腿動脈の通る腿のまんなかの急所をネブすると、脚のもげそうな激痛が疾《はし》る。

あるいは、足裏(土踏まず)でふわりと抑えるのもよし。

ともあれ、敵が足を持ち上げるやいなや、これを為すべきである。

対手が体勢をくずせば、その腹や胸に膝を飛ばすか、顔面にパンチの連打を浴びせて、より多くのダメージを与える――。

師範はこう説明したあと、パヤオを呼んで、わたしの対手をするようにいいつけたのだ。

図 14-3　はね返される光輝 Wiroon Hok Klab

A　基本形

この母技は、敵の蹴り脚の膝上をかかとで蹴るもので、蹴りを封じるために用いられる。

敵：両手を上げてガードし、我に左まわし蹴りを放つ。

我：蹴りの方に身をまわし、体重を右脚を乗せてしっかと立ち、左かかとを敵の腿に放つ。

この前蹴りは、敵のバランスを崩すためのもので、すばやく強く打たねばならぬ。そのさい、両手を上げてガードし、脇を守る。

敵が右脚で蹴ってきた場合は、左右入れ替えて、同じように反撃する。

B　森を歩むラーマ Pra-Raama Dean Dong

この動作は、母技（はね返される光輝）を発展させた〈師技〉（マイクー）である。敵の蹴りの力、おのれの跳躍する力、そして膝の力（全部で３つの力）をかけ合わせて、敵を膝で打ち砕くものである。

敵：踏み込んで我の脇を右足で蹴る。

我：跳躍して、敵の膝上を左足で踏み、おのれの右膝で蹴る力と対手の蹴りの力をかけ合わせる。３つの力を合することによって、わが身を浮かすことができる。

敵が左足や左膝で蹴ってきた場合は、左右入れ替えて、同じように反撃する。

パヤオが蹴る。わたしが抑える。あるいは、わたしが蹴って、パヤオが手本をしめす。

面積の大きな足裏で抑える。かかとやつま先を使うのは、まだ無理だ。

パヤオは、ロー、ミドル、ハイと蹴り分ける。いずれのまわし蹴りも、起点となるのは脚の付け根。足が、ロー、ミドル、ハイの軌道に乗る前に、そこを抑えるのだ。

が、どうしても、一呼吸おくれる。

「だめだ、だめだ。オレが蹴ると同時に、オマエも蹴るのだ！」

だんだんと、コツが呑みこめてきた。剣道でいえば、対手が面を打とうとして振りかぶる前に、その小手を撃つ。呼吸が大事となる。いわゆる「後の先」（カウンター）は、わずかでも早く出せば対手に気どられ、不発に終わる。遅すぎれば、とうぜん打たれる。

しかし、パヤオは、わたしの顔面を拳でボコッとなぐって怒鳴った。

「だめだ、だめだ。オレの脚ばかり見ていては。チャイヤーの武器は足だけではないぞ。全身を眼にして、オレの気配を察するのだ！」

「く、くそ～」

蹴る、蹴る。

「だめだ、だめだ。そんなだらしない蹴りじゃあ。〈ウィルーン・ホッ・クラブ〉は、チャイヤーの核心といえる術技だ。もっと、気持ちをこめるんだ！」

だめだ、だめだ。同い年の若者になんどもなんども罵るような口調でそういわれ、顔を小突かれ、いささか腹が立った。

（バカにするな。俺だって、格闘技はまったくの素人じゃないんだ！）

しかし、パヤオはいつもは温厚な青年だ。後にして思えば、彼はあえてわたしを怒らせたにちがいない。

わたしは、彼に向かって、いきなり強い蹴りを飛ばしていた。が、つぎの瞬間――

彼の膝が、わたしの眼前に迫っていた。

膝は当たる寸前でピタリと止まったが、わたしは腿に彼を乗せたまま、くずおれた。

『虎王の指南書』にいう〈森を歩むラーマ〉（プラーム・デアン・ドン）という技である（図14－3B）。彼は、まるで歩むがごとく無造作に、わたしの体に登ってきたのだ。


さて、〈はね返される光輝〉の発展形として、〈森を歩むラーマ〉、〈ランカーを攻めるラーマ〉（第4章参照）などの「対手の蹴り脚に乗る」技がいくつかある。

これらの技では、敵の蹴りと同時に、いや心持ち、対手がまわし蹴りを発するよりも先に、迎撃の前蹴りを放つ。日本武術にいう「先の先」――敵が動きだす前に打っているのだ。

タイミングが肝要である。宮本武蔵はこれをして、

「うつのうの字を打つ」

と云っている。

15 尾をうち振る龍 マンコーン・ファード・ハーン

❖〈尾をうち振る鰐〉〈ジャラケー・ファード・ハーン〉

古式ムエタイの、

「〈ジャラケー・ファード・ハーン〉である」

そういって、トーンラウ師範はクラボーンを二本持ち出してきた。一本をわたしに寄越す。六尺ほどの竹の棒だ。

「遠慮のう、打ってきなさい」

「は、はい」

ジャラケーは鰐、ファードは振る、ハーンは尾、と師範はいいそえた。これは母技の第九技。訳して〈尾をうち振る鰐〉。尾とは棒のことか？　棒振りがムエタイとどう関係する？

怪訝に思いながらも、足を摺《す》り、棒を振りおろす。

師範は左足を大きく踏み出した。棒を頭上にかかげ、両手に挟まれた中間の部分で、打撃を受け止める。同時に、体を右にひねり、左手を前に推《お》した。

わたしはからだを泳がされた。師範はそのまままくるりと右に回って、わたしに背を見せる。その瞬間——

右の横っツラを弾かれた。真横から野球の硬球をぶつけられたような感じだ。

あ、とわたしは尻餅をついた。

当たったのがボールではなく師範のかかとであり、振られたのが棒ではなく脚であることに気づくまでには、何秒かかかっていた。

バックスピン・キックは、いまでこそ格闘技のリングのありふれた技術になっているが、一九七九年当時まだなかった。いや、アメリカン空手（マーシャルアーツ）のベニー・ユキーデとやらがこうした蹴りをしているのを目にしたことがあるが、動きが派手なだけの虚仮《こけ》おどしと思っていた。

が、とんでもない。師範は後ろを向き、しかも前のめりになっている。しかし、足は横の――まったくの死角から飛んでくる。これでは、かわしようがないではないか！

金気臭い味がした。口の中を切っていた。

「武器術では蹴りを併用するが、蹴りから攻撃を始めることはない」

師範は、わたしの出血に気をとめるでもなく、説明した。稽古に怪我はつきものだ。

「ダーブ（刀）を持った敵に蹴りを飛ばせば、その足をバッサリ斬り飛ばされることになるでな。対手《あいて》の攻撃をおのれの得物でブロックし、その瞬間に蹴りをいれるのじゃ」

前蹴り、まわし蹴り、足払い、いずれも同じ。ダメージを与えるというより、敵のバランスを崩すことが目的だ。それが、クラビー・クラボーンの蹴りである。対手を地に転がすことができれば、しめたもの。踏み潰し、ダーブで首を掻く。

「いまの技は、名のとおり、鰐が尾を振って獲物の首を一撃するさまに倣ったものじゃ（図15－1）。なにせ、見えぬ蹴りだ。実戦では、テッ（まわし蹴り）より、よほど役に立つ。武器を持った敵を一発で仕留めることもできる」

たしかに――。

図 15-1　尾をうち振る鰐 Jorake Phaad Haang

この母技は、かかとを背後になげだす技である。対手が拳を突き、的を外して体勢をくずしたときに、後ろ向きに回転して、かかとを戦鎚のごとく敵の急所に撃ちつける。

敵：踏み込んで、我の顔面を左拳で突く。または左足で蹴る。

我：左足をすばやく左前に半歩運び（〈蛇行剣をうがつイナオ人〉の要領で左足に体重を乗せ）、敵拳をのがれる。同時に両腕を上げて顔面を守り、左足で軸に身を右に回転させて、右かかとで敵の首を蹴る。うまく決まれば、敵の首が折れることもある殺人技となる。

敵が右拳を突いたり右足で蹴ってきた場合は、左右入れ替えて、同じように反撃する。

（『虎王の指南書』より）

師範は当てる瞬間、手加減したであろう。まともに喰えば、歯や顎を砕かれていたはずだ。

「しかし、この技は、間断《かんだん》なき稽古の産物であり、簡単にできるものではない」

師範はそうつけくわえたあと、庭の隅を目やり、

「あの草をちぎって、嚙んでおきなさい」

と指示した。鮮やかな緑をした肉質の、葉のギザギザした草が鬱蒼としげっている。

濃厚な、苦さそのもののジュースが口にあふれた。その独特の苦味に、日本のものとは異なるが、アロエの一種である、と知った。

❖基礎訓練「尾を断つ龍」（マンコーン・ラウン・ハーン）

「〈ジャラケー・ファード・ハーン〉のための基礎訓練を、『マンコーン・ラウン・ハーン』という」

兄弟子のパヤオがそういって、おのれの尻をかかとで、ポン、ポン、とリズミカルに蹴る（図15‐2A、2B）。

マンコーンも鰐、またはもっと大きな龍（ドラゴン）（竜蛇〔ナーガ〕とちがって脚のあるヤツだ）、ラウンは切る、ハーンは尾、といいそえた。

「ふ〜ん、『尾を断つ龍』か――」

わたしは「蜥蜴《とかげ》の尻尾切り」という言葉を思い浮かべながら、尻を蹴った。ふだんは使わぬ脚の裏側の筋肉を酷使するので、すぐにふくらはぎが痙《つ》った。

「誰でもはじめはそうなる。だんだんと体を馴らしてゆくことだ」

うずくまるわたしにパヤオは笑った。

「慣れたら、かかとをもっと上に、もっと遠くに擲《な》げる」

彼は後ろ蹴りを飛ばす。

図 15-2　尾を断つ龍 Mangkorn Rawn Haang

A　基本のエクササイズ

①足をわずかに開いて立ち

②左右いずれかのかかとで、おのれの尻を蹴る。

③左右交互に蹴ることをくり返す。

上半身の反動を用いることを避けるため、両腕の肘を張って、この稽古を行うとよい。

B　水と戯れる鳥人 Ginnarii Len Naam

〈尾を断つ龍〉は、体の柔軟性を高め、かかとを後方に投げるコツを会得するためのエクササイズだが、実戦的な用法もある。敵の首を脇でかかえ、その顔面や腹部をかかとで痛打するのだ。〈水と戯れる鳥人〉という技で、トニー・ジャーも映画『トム・ヤム・クン』のなかで一度使っている。

この技は敵を脇に抱えたときに用いられる。左脇に抱えたのであれば、身を左に屈し、敵の頭を押し下げ、敵の腹をかかとで蹴りあげる。
（『シャム拳法の八武器』より）

「これにも慣れたら――」

左足を一歩前に踏みこみ、それを軸に右に旋回した。かかとが美しい弧をえがく。

「このとき、思いっきり身を前に傾けることがコツだ。上半身が地面と平行になるくらい……それこそ四つん這いの鰐みたいにな」

「しかし」とわたしはいっていた。

「鰐や龍の脚は、自分の尾を蹴れるほど、長かったっけ?」

パヤオは、え? という顔をした。

❖恐竜の武術?

その十七年後――

タイは、恐竜ブームに沸いていた。

街道の、ガードレール代わりの灌木《かんぼく》の群れが、疾駆するラプトル型恐竜のかたちに刈りこまれている。寺院の階段の脇にあって信者を迎えてくれるナーガ神が、新しい寺では長い首と尾をもつ竜脚類の恐竜に替わっている。

イサーン(東北地方)、プーウィアン恐竜博物館のインフォメーション・センター。

ブームの発信地のはずである。だが、係の者はいない。想像していたのとは違って、しんと静まりかえっている。国立公園に指定されているのに、これでは、どこをどう見ていいものかもわからない。竜脚類の長大な大腿骨を埃のつもったガラスケース越しにながめながら、むなしく溜息をつくしかなかった。しかし、壁には興をひかれる浮き彫りがかかっていた。

お寺がある。境内に、大きな恐竜がうずくまっている。長い蛇のような首をもたげて。でも、すこしも怖そうじゃない。象みたいなやさしそうな目。その恐竜のまわりで、人びとが楽を奏したり踊ったりしている……(図

図 15-3
イサーンの生活、または恐竜のいる風景（プー・ウィアン恐竜公園の浮き彫りより）

15−3）

「それは、現実の光景だったのかもしれません」

　背後で声がした。陽に焼けた青年が立っていた。タムと名のった。ここを管理している学芸員だという。

「この地方には、むかしからマンコーンの伝説があるのです。コーンケーンサウルス、つまりその浮き彫りの恐竜らしき生物を目撃したという人も多い。とくに、メコンの対岸のラオス側では……。しかし、ベトナム戦争のとき、アメリカの空爆でメコンのジャングルはズタズタに破壊されてしまいました。以来、そのたぐいの話は聞かれない」

　タムは哀しそうにいい、わたしに付いてくるようにうながした。

　プーウィアンの「プー」とは山のことだ。その名のとおり、ラワンやチークの疎林におおわれた広大な砂岩の丘陵を、たっぷり二、三時間も案内されてまわった。赤と黒がまだらになった野鶏《やけい》が、ココッ、と駆けてゆく。

　岩肌からおびただしい骨片が露出しているのが

素人目にもわかる。まさに恐竜族の墓場だ。いまも発掘がつづけられているということだが、作業している人の姿はない。

タムは鑿《のみ》を繰って岩から骨の欠片を剝がし、わたしに手渡した。

「粉にして服むといい。長生きできます」

足跡もたくさん保存されている。スズメなどの鳥の足跡を思わせる。むろん、その何十倍もの大きさがあるのだが……。

「肉食のヤンチュアノサウルス。こちらはダチョウ恐竜です」

ニワトリを象ほどの大きさにしたらこうなるだろう、と思わせる足跡もあった。

「シャモです」

「え？　まさか」

わたしはタイの軍鶏《シャモ》の爬虫類じみた、奇怪なすがたを思い出した。

「シャモティラヌス」

「ああ、これが……日本でも見つかっている」

福井県からシャモティラヌスと同類のものとされる恐竜の歯が出た。シャモティラヌスは「タイのティラノサウルス」を意味する学名だ。恐竜族の帝王、ティラノサウルスが日本にも生息していた、とにわかに話題になった。わたしは、それこそ、軍鶏の名にひっかけて覚えていたのだ。

「ええ、存じています。でも、こちらのほうが古い。一億三千万年前。お国のティラノの化石は一億二千五百万年前。つまり、ここイサーンこそが、ティラノ発祥の地なのです。この地から日本に行き、アメリカに渡った。まるで、タイのムエタイが、日本でキックボクシングになり、さらにアメリカ大陸に広まったみたいに」

タムは、学究の徒らしい繊細な顔をほころばせた。国技に誇りをいだくタイ人は多いが、彼も例外ではない。

そして、いった。

「タイ人は、恐竜に闘いかたを学んだのかもしれない」

「……」

妄想と嘲《わら》うことはできない。呪術師が時空を超え、恐竜と霊的に交流した――タイにはそれを信じる精神風土がある。武芸者が寺社に参籠し、異界のものから奥義を授かった、という譚《はなし》は日本にもゴマンとある。

「むかしは、恐竜は長い尾を地面に引きずって歩いていた、とされていました。でも、いまは違う。四つ足の恐竜も、二本の足で立つ恐竜も、尾を地につけることなく、ピンと伸ばしていた、と考えられています。そうして胴体と、絶妙なバランスをとっていたのです」

ムエタイボクサーも、高い蹴りを出すときは、上体を後ろに反らすようにして、脚とのバランスをとる。かれらは、ミドルキックの途中でハイキックに切り替えることくらい朝飯前にやってのけるが、脚の筋肉に頼ってできるものではない。これも上体を傾けることによって、軌道を修正するのだ。

「〈ジャラケー・ファード・ハーン〉（尾をうち振る鰐）という技があります」

「バックスピン・キックだね」

現代ムエタイの技名は、〈テッ・カンコー〉（「首へのまわし蹴り」でハイキックのこと）のように散文的で味気のないものがほとんどだが、後ろまわし蹴りだけは古式の名のままに呼んでいる。

この技では、ハイキックとは逆に、上体を前に屈することによってバランスをとる。

「はい。わたしは、〈マンコーン・ファード・ハーン〉（尾をうち振る龍）に改名したほうがいいと思う。マンコーンとは恐竜のことです。多くの恐竜はピンと張った尾を強力な武器にしていたし、鰐とちがって脚も長い」

「あ……」

「また、ラプトル型の恐竜は、尾にくわえ、脚と腕をコンビネーションさせて闘っていたのですよ。獲物を腕でとらえて首相撲にもちこみ、脚を飛ばして、蹴爪で急所をえぐって仕留めたのです」

ラプトルは、『ジュラシック・パーク』で有名になった、高度な知能をもった肉食恐竜である。

「ラプトルは鳥だったかもしれない、というではないですか」

わたしは反論した。最近、羽のはえていたラプトルの化石がぞくぞくと発見され、それにしたがい、ここまでは恐竜、ここからは鳥という線が引けなくなってしまっているのだ。

「龍が鳥になった、というのでしょ。そんなこと、わたしたちタイ人は、ずうっと昔から知っていた。『ラーマキエン』という物語をご存知ですか。そこにクルッ（ガルダ）という鳥が出てくるが、この鳥は龍族（マンコーン）の母から生まれた。つまりラプトルです。クルッは、主人公のラーマを助けて大活躍する。だからこそ、多くのムエタイのジムで、クルッが守護神として祀られているのです」

彼のなかでは、古生物学と神話の世界が、なんの矛盾もなく同居しているようだ。

❖〈ふりむく鹿〉（クワーン・リエウ・ラン）

話をもどす。

パヤオにばっちりと鍛えられ、かたちだけはバックスピン・キックをこなせるようになった。

「子技では、〈尾をうち振る鰐〉はこういう使いかたをする」

師範が左脚をまわし蹴りに振った。

わたしは右足を引きながらスウェイバックする。と、彼はわたしの左足のまぎわに蹴り足を着地させ、それを軸にバレリーナのように廻った。

師範が次に何をするかパヤオに教えられていたので、こんどは地を蹴って跳びすさった。さもなければ、またしても直撃弾を喰らっていたことだろう。かかとが眼前を、凶暴なうなりをあげて過ぎてゆく。

図 15-4　ふりむく鹿 Kwaang Liew Lang

こちらから仕掛けるのが子技の後ろまわし蹴り〈ふりむく鹿〉。

技名は『ラーマキエン』の、羅刹が鹿に化けてラーマを欺いた、というエピソードにちなむもの。

①対手がかわすことを見越したおとりの蹴り（力をセーブして）

②対手が予想どおりスウェイバックしたら、その足もとに蹴り足を下ろす（近ければ近いほどいい）

③下ろした足を軸に後ろまわし蹴り

この動作は、蹴りに始まる攻撃に用いられる。つづけて脇または顎をかかとで蹴る。
敵：両腕を上げてガードし、間合に入る。
我：敵の右脇に（フェイントの）左まわし蹴りを放つ。敵が後ろにのがれて（バックステップやスウェイバックして）それをかわせば、蹴り足を下ろし、それを軸にすばやく後ろに回転し、右足のかかとで敵の脇や顎を撃つ。また、右かかとが敵をとらえたならば、左足で立ったまま（もういちど回転し）、敵の顎に右肘をふり入れるもよし。
右蹴りから始める場合は、左右入れ替えて、同じように後ろまわし蹴りをする。

よし、と師範はうなずいた。

「フェイントの蹴りを使って対手に身を寄せ、近間《ちかま》から後ろまわし蹴りをする。これをメーマイの第六技〈ふりむく鹿〉（クワーン・リエウ・ラン）」という（図15-4）。後ろに回転する技は、軸足が対手に近ければ近いほど、破壊力も増す。これは、肘打ちにも共通する秘訣である」

バックスピン・エルボーも子技に属する技で、〈大地を転げる金塊〉（ヒラン・ムアン・パエンディン）という（図15-5A〜5C）。これは子技の第七技。

「しかし、〈ふりむく鹿〉は、いきなり蹴りにいっても、足を斬られる心配をせずにすむからこそできる技じゃ」

武器・徒手共通の体変である母技に対し、素手での闘いのみを前提と

図15-5　大地を転げる金塊 Hiran Muan Phaendin

A　基本形

この動作は、敵の蹴りに対し、後ろ向きに回転し肘で反撃する子技である。敵が肘、拳、膝など異なった部位で攻めてきても、この肘打ちで反撃することができる。

敵：両手で顔面を守り、我の脇に右まわし蹴りを放つ。

我：蹴りの方向に右足を踏みこみ、右肘でブロックする（母技の〈杭打ち〉）。次に、左肘を顎の高さに上げ、左腕を地と平行にし、右足を軸に左まわりに回転し、敵の顎を左肘で撃つ。

敵が左足で蹴ってきた場合は、左右入れ替えて、同じように反撃する。

（『虎王の指南書』より）

①対手のまわし蹴りを一歩足を進めて、肘ブロック（母技の〈杭打ち〉）

②進めた足を軸にバックスピンしながら肘打ち、その足もとに蹴り足を下ろす（この場合も、軸足は対手に近ければ近いほどいい）

バックスピンしての肘打ちを現在のムエタイでは“ソーク・クラブ”とよんでいる。

古式ムエタイのテキスト『虎王の指南書』『シャム拳法の八武器』にもバックスピン系の技が数多く紹介されているが、ここではとくに珍しいものを二つ紹介するにとどめる。

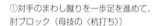

B　拳を捕りて離さぬ童 Luuk Kong Jab Mad

このコーンムエ（反撃技）は、頭を傾げる動作と子技の〈大地を転げる金塊〉として知られる体の入れ換えに基づいている。

①敵：踏み込んで我の顔面を右拳で突く。
　我：右足を進め、体をわずかに右に傾け、首の左側に敵拳を通過させる。それから頭を傾げて敵の腕を捕り（頭と肩で敵の右腕を固定し)、

②左手でその肘を抑え、さらに〈大地を転げる金塊〉の要領で身をひるがえして、敵顔面を肘打ちする。
敵が左拳を突いてきたときは、左右入れ替えて同じように反撃する。

C　膝にすわるモントー妃 Naang Montho Nuang Tak

この動作は、（対手の蹴りの）力の反動を利用して対手の腿に座り、肘打ちを食らわせる師技（マイクー）である。

敵：踏み込んで我の首を左足で蹴る。

我：身の右にねじって後ろ向きに跳び、敵の腿に座ってその額に右肘を打ちこむ。

敵が右足で蹴ってきたときは、左右入れ替えて、同じように反撃する。

（『虎王の指南書』より）

したのが古式ムエタイの子技だ。

「〈尾をうち振る鰐〉という名には、いまひとつの意味がある。けして臆するな、という戒めである」

「……」

「鰐を捕らえるには、その尾の内側に飛びこまなければならぬ。武器をもった敵の間合に入るということじゃ。くわえて、一瞬とはいえ敵に背を向けるには、なみなみならぬ勇気がいる。だが、決してためらってはならぬ。百に一の躊躇があっても、それが命取りになる」

16 世界を拓く拳

マッ・ピアド・ローク

❖ムエタイのパンチ

ルンピニー・スタジアムで、オランダのキックボクサーとタイ選手の交流試合が行われた。オランダ人はパンチで圧倒した。が、KOするに到らなかった。レフェリーはタイ人の名をコールした。

(やはりな……)とわたしは思った。

ホームタウン・ディシジョンばかりでない。ムエタイの採点法では、パンチはほとんど無視される。十発ヒットさせても、ダウンでも奪わぬかぎり、ローキック一発でチャラにされてしまうのだ。それが昔からの決まりごとである、伝統である、といわれれば、頷くしかないのだが……。

「ムエタイでパンチが軽視されているのは、どうしてですか?」

ボクシングの経験のあるわたしは、ずっと気になっていたことを、チャイヤー武術の師範トーンラウ・ヤールライに訊いた。チャイヤー式では武器術と拳法を同時に修めることを旨とする。

「けっして評価していないわけではない」と師範。

「その証拠に、母技(武器・徒手共通の体変)の敵のパンチに対しパンチで反撃することを基本とする術に、〈石突きを撥《は》ねあげる翁《おきな》〉(ター・テン・カム・ファーッ)と〈消灯〉(ダブ・チャワラ)の二つがある。また、ムエタイの格言にいわく——」

拳、肘にかなわず
肘、膝にかなわず
膝、足にかなわず
しかし足、拳にかなわず

「八肢《やつあし》の科学がムエタイの異名だ。両の拳、両の肘、両の足、両の膝。これら八つの部位を歯車のように嚙み合わせて、対手《あいて》をくずしてゆく。そして、たしかに、一見最強に思えるテッ・カンコー（ハイキック）も、最短の距離を縫って顔面に奔《はし》るパンチのカウンターに弱い。ムエタイのＫＯは、ほとんどがパンチじゃ」

「でも、ほとんどポイントされないじゃないですか」

「それはだな……」師範はすこし苦い顔をした。

「ムエサコーン（国際式ボクシング）との差別化をはかるためじゃ」

❖〈石突きを撥ねあげる翁〉（ター・テン・カム・ファーッ）

これは母技の第六技。ボクシングのアウトサイド・パリイ、空手の上段受けに相当する防御技だ。すなわち、敵が我の顔面を突いてきたとき、その拳をおのれの手で撥ねあげて、打撃軌道をそらす。基本形では、同時に、もう一方の手で敵の顎をアッパーカットする（図16－1A）。

子技の第一技〈牙を刺す魔象〉もほぼ同一の技だが、攻撃に工夫がみられる。パリイしたとき、できれば払った手で敵の手首を捕り、それを後ろに引きながら、アッパーないしはスウィング・パンチを放つ。敵の腕がじゃまなときは、二度三度と打撃を重ね、ガードをこじあけて、パンチをめり込ませる（図16－1B）。

図 16-1　石突きを撥ねあげる翁 Taa Ten Kham Faak

クラビー・クラボーンでは、敵の上段へ攻撃をおのれの得物で撥ねあげて防御する技。古式ムエタイでは、武器の用法を徒手に応用する。

A　基本形

この母技は、敵拳を上にそらすために用いられる。顔面への突きを手で撥ねあげて防ぎ、敵顎に拳を撃ちこむ。

敵：踏みこみ、我の顔面に左拳を突く。

我：左足を踏みこんで敵の内ふところに入り、左脚に体重をのせる。右腕を曲げて顔前から上に挙げて敵拳を頭上にそらし、同時に敵顎に左拳を突きあげる。

敵が右拳を突いてきたときは、左右入れ替えて、同じように反撃する。

B　牙を刺す魔象 Eraawan Suey Ngaa

この子技は母技の第 6 技、〈石突きを撥ねあげる翁〉とほぼ同一で、パンチの防御に用いる。身を回して敵拳を押しやり、同時にスウィングパンチで反撃する。

敵：ガードしながら右足を踏みこみ、我の顔面に左ストレートパンチを放つ。

我：右足を斜め外側に運び、右手で敵拳を外に払う。

同時に敵のガード越しに左拳を突き上げる。さらに腰を右に回し、身を後ろに反らすようにして敵顎にアッパーカットを放つ。

敵が右拳を突いてきたときは、左右入れ替えて、同じように反撃する。

(『虎王の指南書』より)

なお、パンチのための基礎エクササイズには、「女殺しの腰」と「不徳に傾く天秤」がある。前者はフックの、後者はアッパーおよび後方への拳槌《けんつい》の訓練となる（図16－2A、2B）。

❖〈消灯〉（ダブ・チャワラ）

これは母技の第十三技。インサイド・パリイである。すなわち、我の顔面に向けられた敵拳を手で押し下げることによってそらす。基本形では、同時に、もう一方の手で敵の顔面を突く（図16－3）。目をねらう。より古いかたちでは、指で貫《ぬ》くか、指の背ではたいて目潰ししたという。仏前にささげた灯明を消すときは、息を吹きかけてはならぬ。手をあおいで、その風で消す。指の背ではたくのは、その仕種に似ている。また、対手の光を奪うがゆえに、〈消灯〉（ダブ・チャワラ）の名がある。

〈石突きを撥ねあげる翁〉（ター・テン・カム・ファーッ）も〈消灯〉も、ボクシングのパリイしてのカウンターと大差ない。わたしにとっては、体にしみついた動作だ。兄弟子との対人稽古を難なくこなしていたら、師範がナイフを持って、近づいてきた。

「これを、同じようにさばけるかね？」

突いてくる。

「ひゃ～、止めてくださいっ！」

わたしは逃げ出した。

「拳はさばけて、どうしてナイフではそれができぬ？」

「それは……」

もちろん、刃物が怖いのだ。

「では、おまえがやってみなさい」

図 16-2　パンチのためのエクササイズ

A　女殺しの腰 Aew Naang Phikhaat

①足を適度に開いて立ち、拳を握って上げ、肘を 90 度に曲げる。脇は 45 度に開く。
②腰を回転させて、拳をフックにふる。
③左右くり返す。

この動作は、対手を攻めるに適切と思われる速度で稽古する。対手の体幹の腎臓か浮動肋骨を狙い、拳をふる。これは必殺技のひとつである。精確な打撃は、浮動肋骨を折り、腎臓に深刻なダメージをあたえる。

B　不徳に傾く天秤 Maad Phayak Hak Daan

①足を適度に開いて立ち、一方の拳を頭上に伸ばす。
②拳槌／裏拳を後方に振り下ろす。
③これを前方に振り上げ、グルリと一回転させる。このとき、対手のみぞおちを突き上げるつもりで、力強く拳を撃ち出す。
④左右くり返す。

敵が我を羽交い締めにせんと背後から迫ってきたときに、拳槌を用いることができる。また、みぞおちへのアッパーは、太陽神経叢に衝撃をあたえ、あばら骨を圧縮し、心臓を締めつける。精確かつ十分な強さで放たれたパンチは、心臓停止に追いやりかねない。

図 16-3　消灯 Dab Chawala

この〈母技〉は、顔面に放たれた敵拳の向きをそらす（パリイ）もので、ストレートパンチに対する防御として用いられる。

敵：右手で顎を守り、踏みこんで我の顔面を左拳で突く。

我：右足を右斜め前に運んで、敵の突きからのがれ、右脚に体重を乗せる。

腕を右手で押し下げ、顎を左拳で突く。

敵が右拳を突いてきたときは、左右入れ替えて、同じように反撃する。

（『虎王の指南書』より）


渡されたナイフを突きだす。

師範は一歩踏み出し、左手でナイフを持つわたしの右前腕を撥ねあげ、身をひるがえした。そして、膝にサイドキックを飛ばし、またたく間にわたしの戦闘能力を奪ってしまう。

「この種のストリートファイトでは、おまえは怪我をしてしまうじゃろう。したがって、おまえは勇敢であらねばならぬ」

師範はパリイする手を示しながらいう。

「パフユッ（シャム拳法）は、つねに対手が武器を手にしていることを想定して、稽古せねばならぬ」

❖ムエファラン（西洋拳法）登場

帰りのメシ屋。

「ほんらいのパフユッには手刀はあっても、パンチはない」兄弟子のパヤオがいう。

「パンチは、タイ人にとって外来のテクニックだったんだ」

ムエタイでパンチが軽視されているのは何故か、というわたしの問いに対する古武術マニアの回答だ。

「人類最古の武器、といわれる拳の威力をタイ人が知らなかったわけではもちろんない。戦場のサバイバル技術であるパフユッは、パンチによって自身の拳を痛めることを懸念して、パンチを一度すて去ったのだ」

手指の関節は、硬いものを打つには、きわめて繊細だ。脛《すね》や足甲も蹴りに用いれば傷めやすい。競技であればともかく、戦場でのこうした部位の負傷は命取りになりかねない。ために、パフユッの打撃は堅固な肘、膝が主となる（これは、トニー・ジャーの映画をご覧になったかたであれば、納得していただけよう）。

「では、ムエタイのパンチは……？」

「うむ、ムエファラン（西洋拳法）に学んだものだ。ラーマ一世の御代《みよ》の七年目、タイ・ファイターが白人ボクサーと仕合った――」

そういって、パヤオはビールをあおり、舌を潤わせた。

※

ラーマ一世の七年目といえば、西暦一七八八年。アユタヤの滅亡から二十一年が過ぎている。新都クルンテープ（バンコク）の王宮。貴族のひとりから奇妙な陳情がなされた。

「白人（ファラン）の商人が、わが国の拳士との手合わせを所望しております」

「商人が仕合《しあい》となな？」とラーマ王は訝《いぶかし》んだ。

「ええ、たしかに商人ではありますが、目玉商品はBOXINGなる殴り合いだそうで。金を賭けて闘う。はやい話、流れ者の喧嘩屋でございます。すでにインドシナ各地の主だった拳士をしりぞけ、名を上げております る」

当時シャムでは、格闘競技は、祭典のもよおしとして影絵芝居（ナン）や舞踊劇（ラコーン）とともに行われた。腕自慢がこぞって参加し、勝者には褒美《ほうび》や賞金が与えられた。とうぜん、格闘家という職業もすでに成立している。

イギリスでも、これより七十年ほど前から、プロボクシングの興行が始まり、大人気を博していた。といっても、こんにちの国際式ボクシングを想像してはならぬ。当初のそれは、ストリートファイトをいくらか洗練させたもので、もちろんグラブはつけない。ほとんどノールールで、キックや腰投げもボクシングの一手とされていた。

このうちキックを主、パンチを従とした戦略《タクティクス》は、この後の十九世紀なかば、フランスで新たな格闘技として集大成されることになる。フレンチ・ボクシングことサバットである。靴をはいて行い、これを武器のように使いこなす点に特徴がある。たとえば、靴底の縁《エッジ》でナイフのように斬りつける（図16－4）。

「ともあれ、試合を断ると、わがシャム国に勇士《おのこ》はいない、と言いふらすことでありましょう」

「それでは沽券《こけん》にかかわる。しかし、負けることは、ぜったいに許されぬ――」

王は、皇太弟（のちのラーマ二世）にマッチメイクを命じた。

シャム王家の至宝――高さ六十余センチの翡翠《ひすい》の仏像をまつるワット・プラケオ（エメラルド寺院）。もっとも、当時の建築はタイ様式の現在のそれとは異なり、インドのマハーバリプラムの海岸寺院（八世紀）を模したものであった。その背後の中庭が試合場にあてられた。

一辺二十メートルの正方形の四隅にポールを建て、ロープを張り巡らせて、土俵とする。そこに、両者は対峙《たいじ》した。

シャムの勇士は、ムエン・プラーンなる人物であった、と記録される。

が、これは本名ではない。ムエン・プラーンとは「レスリング卿《きょう》」の意。親衛隊に民俗的なレスリングを教えることで貴族に列する人物であった。素手の闘いのエクスパートとして彼が選ばれたのであろう。そのころパフユッは、かならず武器と併せて学ばれるものであったから、独立した格闘術と見なされていなかったのかもしれぬ。ちなみに、ムエン・ムエ（ボクシング卿）という爵位が設けられるのは、これから百年のちのラーマ五世の

図 16-4　西洋拳法（ムエファラン）の系譜

クラビー・クラボーンでは、敵の上段へ攻撃をおのれの得物で撥ねあげて防御する技。古式ムエタイでは、武器の用法を徒手に応用する。

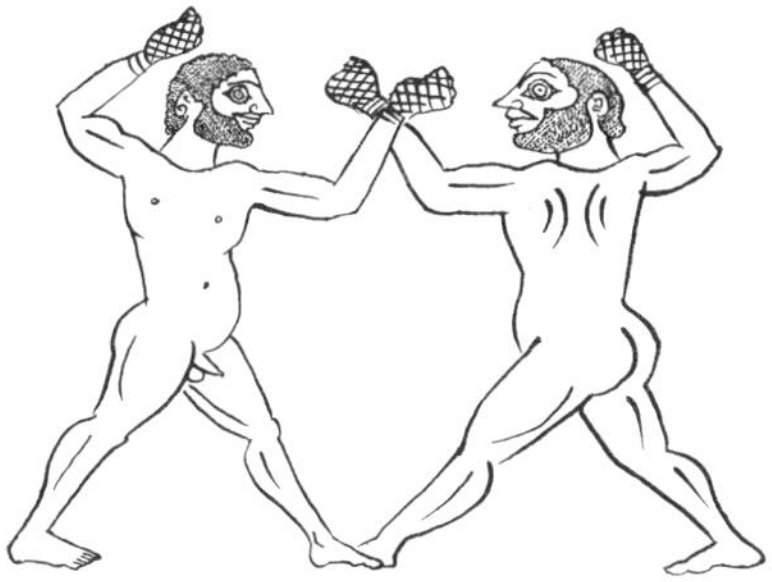

A　拳に皮紐を巻いて闘うボクサー（紀元前 6 世紀、アテナイ）

古代ボクシングはエジプト、ミノア、ギリシアで盛んに行われ、古代オリンピックではもっとも人気のある競技として迎えられた。しかし紀元前 628 年の第 38 回オリンピックから、「嚙む」を除くあらゆる攻撃が許されたケンカ競技となる（パンクラチオンは別個に存在）。その後ボクシングは、ローマ帝国のキリスト教化とともに禁止される。

B　18 世紀にイギリスで復活したボクシングの初代チャンピオンJ・フィッグ（右）とその高弟で最初のルールの発案者J・ブロートン（左）のスパーリング。

当時のボクシングは、かつての「なんでもあり」スタイルを受けつぎ、髪の毛をつかんで殴ることもＯＫだったので、ほとんどのボクサーは剃髪していた。

C　19 世紀のフランスのサバット選手とイギリスのボクサーとの試合

サバットは 19 世紀なかば M・カスーという格闘家によって始められたということになっている。しかし、それ以前から、フランスはキック系格闘技のさかんな国であった。なおサバットとは「靴」の意だ。

時代である。

とまれ、シャムの勇士を一瞥《いちべつ》して、

「なんて恰好をしてやがる――」

対戦者はおおげさに肩をすくめてみせた。勝てば四千バーツ――一生を安楽に暮らせる額の賞金を賜るが、しくじれば死を免れぬムエン・プラーンのいでたちは奇妙なものであった。

もちろん腰布（パーヌン）と、お守りのモンコンとパーチエッ（図16-5）をつけただけの裸体だ。しかし全身は、異教の不気味な紋様で染めあげられている。王室付きのバラモンが、必勝のマントラを誦《ず》しながら描きこんだ、怪奇な神々や古代クメール文字の呪文であった。さらに、竜蛇（ナーガ）の抜け殻やら薬草やらを煮こんで製した「不死身油」の塗《まぶ》された裸体は、まぶゆい陽光にはじけ、爬虫類めいた光沢を放っていた。

「まるで悪魔じゃないか」

かくいう白人ボクサーも、シャム人から見れば、じゅうぶんに妖怪めいていた。

なにより巨体である。胸も肩も筋肉が盛り上がっている。腕は松の根のようだ。背丈はムエンより頭ひとつ分高く、体重《めかた》はゆうに倍はあろう。格闘中、髪をつかまれないよう頭をツルツルに剃っているが、それが歴戦のつか醜く変形した目鼻とあいまって、海中に棲むという魔神を思わせた。

その海坊主《うみぼうず》は、ズボン姿で上半身は裸。彼は靴をはいて闘うことを望んだが、これは仏への奉納試合という名目で、容れられなかった。

背後には、兄と称するイタチのような顔をした男が、セコンドとして控えている。

なお、この男たちの名も伝わっていない。

〝ファラン〟は中世西ヨーロッパに王国を建てたフランク人に由来するシャム語だが、白人は並《な》べてこう呼ばれるので、国籍もさだかではない。が、当時の国際状況から推《お》して、フランス、イギリス、オランダ、いずれか

図 16-5　お守り Krueang Rang 譜

現在でもムエタイ・ボクサーが身につけているお守りには、刺青をべつにすると、モンコン（鉢巻）とパーチエッ（腕巻）の２種がある。いずれも神聖な呪文や護符をしるした細長い布からできているが、モンコンにはさらに僧侶が悪魔祓いの儀式をほどこした綿紐がつけられる。

モンコンはいったん頭に着けられると、戦士はおのれの頭の上になんらかのものが在ることが許されなくなる。それが、タイファイターがトップロープを越えてリングを入る理由である。

現在、モンコンは試合前に外されるが、昔日の戦士はネクタイのように首から垂らすか、頭につけたままにするかして、身から離さずに闘った。

モンコンのつくりかた（流派や道場によって異なる。あくまで一例）

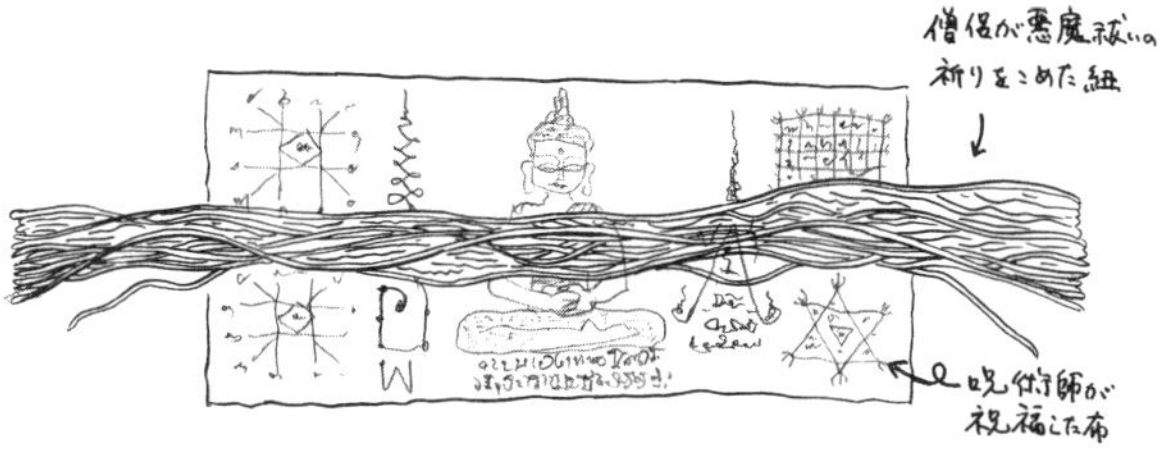

①神聖なお守りの紐を、同じくお守りの布で、海苔巻き状に巻く。

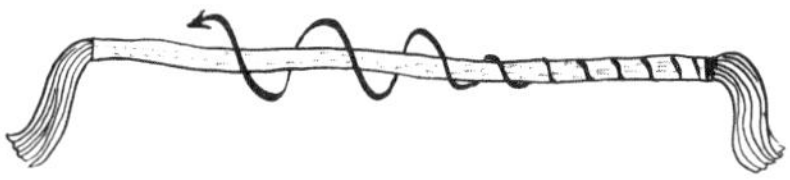

②紐をかたく巻きつける。

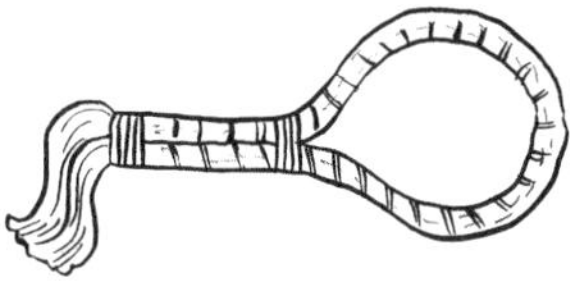

③両端を結びあわせ、拳士の頭の大きさに合わせた輪をつくる。

モンコンは、かつては試合中も着用した。このように首から下げることもあった。

大相撲のマゲ同様、対手がこれを摑むことは反則。

の国の人であったにちがいない。

ラーマ王や王族、貴族、親衛隊、さらに白人の商人や旅行家たちが見まもるなか、銅鑼《どら》が鳴らされ、闘いが始まった。どちらかが降伏するまでファイトは続く。


海坊主は、アップライトに構えた。薄笑いを浮かべている。小柄なシャム人を完全に見下していた。

シャムの勇士ムエン・プラーンは、レスリングの前傾姿勢をとり、じりじりとボクサーとの間合いを測る。と、いきなり足蹴が飛んできた。

ムエンは身をのけぞらしてそれをかわした。そこに右拳がうなりをあげて降りおろされる。掠《かす》っただけのように見えたが、シャム人の体は大きく後ろにふっ飛んだ。

とっさに首をひねって幾分ダメージを削《そ》いだものの、左の奥歯が折れていた。背筋が凍えた。恐怖に小便をちびりそうになる。

(ファランの拳骨は、まるで槍ではないか!)

喉の奥がわななないた。折れた歯を血の味とともに呑みこんだ。と、不思議に胆《きも》が座った。

ムエンは立ち上がった。

どうしたらいいかは、体がおぼえている。プラーン(レスリング)は捨てる。対手の拳が武器なら、こちらも武器の闘いかたをすればいいのだ。彼は武人の芸として、クラビー・クラボーンにも長けていた。

左手を盾に見立てて顔前にかかげ、右手は刀(ダーブ)の柄を握るように胸もとにひきつける。そして、腹の底から気を発し、うおーっ、と虎のごとく吼えた。

対手はびくりと反応し、左ストレートを放った。ムエンは刀法の体さばきで、その拳の外側にひらりと身を旋回させた。同時に、対手の膝裏に足払いの蹴りを放つ。敵は一瞬ひるんだが、そのまま拳を横に払った。バックハンド（裏拳）である。
ムエンは左前腕でそれを撥ねあげた。

17 寺を掃く沙弥

テン・クワッ・ワット

❖御前試合の顚末

ブンブンブン……と、白人（ファラン）ボクサーが拳をふりまわす。ガードもろとも破壊しつくす破城槌《はじょうつい》のごときパンチ。しかし、的《あた》れば、の話だ。

シャムの「レスリング卿」（ムエン・プラーン）は絶妙な足さばき、体さばき、手さばきで、パンチの直撃を逃れた。彼は、

――去《い》なし避け禦《ふせ》ぐ

ことに全神経を研ぎすませていた。シャム拳法（パフユッ）はクラビー・クラボーン、とりわけ刀法が基本になっている。ダーブ（刀）の闘いでは、刃《やいば》を受けたら、ジ・エンド。それゆえ、対手《あいて》の攻撃から身を守ることを第一に考える。

ダーブに対しては、対手の撃ち込む切尖《きっさき》のラチ外へわが身を運び、対手に空を斬らせる。さもなくば、盾でブロックする。

徒手の闘いでも同じだ。まずのがれる。

「ネズミみたいに、ちょこまか逃げまわりやがって！」

ファランが海坊主じみた顔に青筋を浮かべて喚《おめ》いた。彼には、ムエンを追う足がない。

当時（一七八八年）、プロボクシングといえば、足を止めてガンガンどつき合うガマンくらべの段階である。リング上を自在に動くボクシング独特のフットワークが初めて世に現れるのは、この数年後のことだ。マリー・アントワネットがギロチンの露と消えたまさにそのころ、いまでいえばせいぜいスーパー・ウエルター級のダニエル・メンドーサというボクサーが、

――打っては離れる技（ヒット・アンド・アウェイ）

を駆使してヘビー級ボクサーをKOし、イギリス・チャンピオンの座につく。フットワークの発明者にして、ボクシング史に名を残す天才といってよい。だが、対戦者や観衆からは、憶病者、卑怯者、と罵声を浴びせられた。

「きさま、それでも男かっ！」

海坊主も、足さばき（フットワーク）で逃げまわるシャム人をののしった。

が、つぎの瞬間、グフッ、とうめく。窮る鼠《にげ》は猫をも嚙むのだ。ムエンの場合は足がその牙だ。シャムの刀法は、ダーブとコンビネーションするかたちで足、肘、膝を武器として用い、敵がバランスを崩したところをダーブでとどめを刺すのがセオリーだ。

徒手の闘いでも同じ。ムエンは、対手のパンチの外にサイドステップしながら、同時に対手の体重の乗った脚の膝裏に足蹴を飛ばした（図17－1）。武器の闘いで、足搦《あしがら》みや足払いは、死生を決するきわめて有効な術とされている。

はたして、膝を刈られた海坊主は地に崩れおちた。しかし、決定的なダメージを与えたわけではない。得物のない手で、体重に倍する巨漢を組み伏せることは危険だ。ムエンは、ファランが立ち上がるのを、じっと見守るしかなかった。

「ふん、蚊に刺されたほどのダメージもないわ」

図 17-1　足払い

クラビー・クラボーンでは、敵の脚を蹴ってバランスを崩す技法がひんぱんに見られる。これらは、のちに子技に 5 通りの方法が述べられる「敵の蹴りに対し、その軸脚を刈るカウンター」として発展した。
図は子技の第 14 技〈寺を掃く沙弥 Thel Kwaad Wat〉（ないしは〈床掃く翁 Then Kwaad Lan〉）。

この動作は、強い動きで下肢を攻撃するために用いられる。敵は脚を痛めるか、頭から地面に落下する。
敵：踏みこみ、左足で蹴る。または前脚に体重をかけ両足で立つ。
我：前方に踏みこみ、身を折り曲げ、敵の左足を頭上にやり過ごす。そのとき、敵の右足を右足で刈る。
敵が両足で立つときは、前脚を蹴る。
（『虎王の指南書』より）

海坊主はうそぶいた。

仕合が再開された。

「そこじゃー、いけー、ムエ〜ン！」

わがシャム国の勇士が、ファランの巨人と激闘をくり広げている。ラーマ一世は、手を握りしめ、声のかぎり叫んでいた。

大王がそうであれば、臣下も遠慮は要らない。

「もうイッパツ蹴りきめんかい、ボケーッ！」

「それっ、肘もぶちかましたれーッ！」

拳をふり上げ、おのれが闘っているかのごとく身を沸《おど》らせた。

かれらには、獰猛《どうもう》で魁偉な白人ボクサーのすがたが、シャムに領土的野心をあらわにするファランの国々（西洋列強）とダブって見えたのだ。

「膝、膝いけ。腹に膝きめたれやーッ！」

しかし、ムエンが用いるのは、足払いの蹴りのみ。それしか使えないのだ。

肘や膝では間合が狭まる。いくら彼がレスリングの専門家といえど、子どもと大人の体格差がある。ほとんどノールールの試合だから、捕まえられれば、それでしまいなのだ。

けっきょく、小柄なシャム人に出せるのは、遠間《とおま》（ロングレンジ）でのまわし蹴りしかなかった。しかも、蹴り足を捕られる心配のない下段への。

「くそっ、一発あたりさえすれば……」

ファランは、遮二無二《しゃにむに》パンチをふりまわす。ムエンは拳の外側へ外側へとまわりこんでの足蹴をつづけた。

「けっ、こんなの——」

屁でもない、はずであった。

ところが、シャム人の蹴りの目標は、膝裏から大腿に変わっていた。彼のファイターとしての本能は、そこが急所であることを、直観的に察していたのだ（図17-2）。同じところへ執拗に重ねられたキックのダメージは、ファランの分厚い大腿四頭筋に浸透し、骨身に達しはじめていた。

「な、なんだ？」

ファランの膝がカクンと折れ、顔の位置が沈んだ。

その顔面めがけて、ムエンが拳を撃ちだしていた。

右の腕が一本のペニスと化し、そのなかを、灼熱したものが雄叫《おたけ》びをあげながら疾《はし》り抜けていった。ぐしゃっ、という何かが潰れたような手ごたえとともに、歓喜がほとばしった。ファランががっくりと膝をつく。

ワーッ！　という歓声。見まもるシャム人も、ひたすら逃げまわり、足払いの蹴りを放つだけのムエンの闘いぶりにフラストレーションを募らせていたのだ。それが、このパンチの一発でカタルシスとなって弾けた。が——

海坊主は立ち上がった。太い首がダメージを吸収したのだ。鼻を折ったのだろう、顔面をおさえた手指の間から、ポタポタと血がしたたっている。

「ガッデ〜ム、俺さまの男前を台なしにしやがって……」

図 17-2　ローキック

敵の下肢を蹴ってダメージを負わせるいわゆる“ローキック”は、子技の足払い〈寺を掃く沙弥〉を応用したもので、古式では〈小さく掃く Kwaad Toranee〉と称されている。

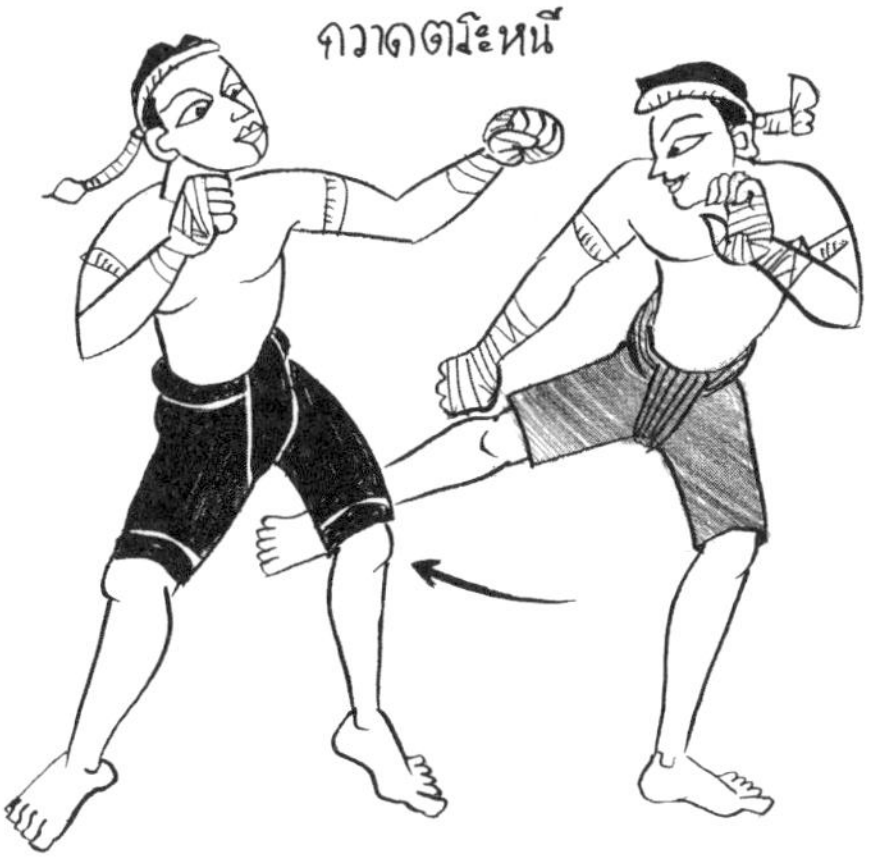

我、身をひねり、敵の左ふくらはぎ、または左大腿を右足でまわし蹴りし、敵のバランスを崩す。あるいは前進を阻止する。この技は攻撃、防御、カウンター、エスケープに用いられる。防御するには、左足を右にひねる。反撃するには、回転し、肘を敵の顎に右側からぶつける。我が左利きの戦士ならば、左右を逆にする。
（『シャム拳法の八武器』より）

そこに彼の、イタチ顔のセコンドが乱入した。

このころのボクシングの記録を見ると、「セコンド乱入のため無効試合（ノー・コンテスト）」というのがけっこうある。自軍の選手が不利になるとリングに乱入して（現在ではこの時点で反則負け）、試合を無効にするのも、プロボクシングの一手だったのだ。まるでプロレスのようだが、当時、ボクシングとプロレス、そしてサバットは未分化の状態にあった。

セコンドは、ムエンを背後からがっしりと羽《は》交締《がいじ》めにした。

「さあ、弟よ、こいつをブンのめしてやれ」

「おう」とファランが拳をふりかぶる。海坊主のような顔が血まみれとなり、さらに妖怪じみた形相となった。ムエンは心底、ぞっとした。

そして、ようやく右手の疼《うず》くような痛みを感じていた。彼の拳もまた砕けていたのだ。

が、ムエンの弟子たちが黙ってはいなかった。

親衛隊がいっせいに飛び出していた。そして、ファランのならず者を袋だたきにしてしまったのである。

観戦を許されていた多くの西洋人も、シャム人の観衆に襲われ、傷つけられた。

ラーマ一世は、医療班に負傷者の治療を命じた。

翌日、ファランの兄弟はシャム国外に追放された。

❖古式ムエタイの完成

テーブルの火鍋では、トムヤム・クンが煮えている。

トウガラシほか何種類かのハーブを煎じた出汁《だし》に、アユタヤ名産のテナガエビを入れ、魚醤油、ライムで調味したこの料理は、日本にはまったくない味だが、とんでもなく旨い。

スープをおたまで碗にとって、一口すする。辛味と酸味の奥に、エビの頭のミソが溶け込んだチキンスープのしっかりとした旨みが横たわっている。ぷきぷきしたエビの歯応えも官能的だ。

しかし、パヤオの話に、わたしは拍子抜けする思いがしていた。

ムエン・プラーンが、自分に倍するボクサーに事実上勝利したことは、たしかにすごい。とはいえ、日本や中国には、たとえば大東流の武田惣角《たけだそうかく》や八極拳の李書文《りしょぶん》といった短軀《たんく》な武術家が六尺豊かな巨漢を手玉にとる、といった話がゴマンとある。合気だの発勁《はっけい》だのの「東洋の神秘」を用いて、だ。わたしはパフユッにも、それに類する「神秘」を期待していたのだ。

パヤオも、エビを流しこんだビールに濡れた口もとを手で拭いながらいった。

「パフユッにも神秘はないではない。一撃で敵を斃《ころ》す七つの秘技があるという」

「それはッ？」わたしは勢いこんだ。

「オレもまだ教えてもらっていない。だが……」と、パヤオはつづけた。

「ムエン・プラーンはパフユッではなく、あくまでプラーン（レスリング）の専門家だったんだ。それに彼がすんなり勝っていれば、パフユッにパンチが導入されることはなかったかもしれない。国技としてのムエタイが成立していたかどうかも疑問だ」

シャムで武術といえば、クラビー・クラボーンだ。パフユッは、あくまでその補助として発達したにすぎぬ。手は武器を執るためのもので、拳で対手を撃つことはなかった。しかし、この試合が、パンチの有効性を再認識させたのだ。

くわえて、西洋で〝BOXING〟なる格闘競技が人気を博していることも、シャム人の広く知るところとなった。そして、西洋拳法（ムエファラン）を意識し、拳を武器のひとつに数えたときから、パフユッは独立した武術、ないしは競技として一人歩きを始めることになる――。

❖植民地と武術

ラーマ一世は、旧王宮の中庭に道場を建設し、パフユッのスタイルの刷新をはかった。手を保護するために紐《ひも》を巻くことが一般的になるのも、このころからである。

またラーマ一世は、インド叙事詩『ラーマーヤナ』にまつわる口承・書承を集大成して、韻文五万二千句、二十万語からなる『ラーマキエン』を完成させた。『ラーマキエン』はシャムの王政に根拠を与える神話であるが、以後、パフユッの技名の多くがその文中から採られることとなる。

すなわち、ラーマを始祖とする新たなるシャムの拳法の創出が、宮廷主導で推し進められてゆくことになるのだ。

この拳法は、ある意味、シャムが直面する脅威である西洋列強の拳法を凌駕することを目指した格闘術であったから、西洋拳法（ムエファラン）は精細に研究された。ずばりいって、ムエタイはムエファランからパンチング技術を学んだのだ。

その証拠に、こんにちのムエタイで、肘、膝、足での攻撃がじつに細かいニュアンスまでタイ語で表現できるのにかかわらず、マッ（パンチ）をあらわす言葉は、〝マッ・トロン〟（ストレート）以外は、〝マッ・フック〟、〝マッ・アッパーカット〟ともろに英語である（図17－3A〜3D）。

もっとも、ムエン・プラーンとの試合で海坊主の用いたパンチは、ストレートとスウィングが主であった。十九世紀初頭にダッチ・サムというボクサーが〝ラウンドアーム・ブロー〟（肘を直角に曲げたまま固定し、腰と肩を回転させて打ちだすパンチ）を発明する。この場合、腕を水平に振るのが〝フック〟、下から突きあげるのが〝アッパーカット〟だ。いずれも対手にとっては、死角から飛んでくるパンチなので避けにくい。こうしたパンチング技術は、近代の中国拳法にも大きな影響を与えている。

もちろん影響は、西洋から東洋への一方通行ではない。そもそもムエサコーン（国際式ボクシング）は、白人がアジアの伝統武術に抗するために作られた、と考えるべきである。国際式ボクシングは、イギリスの植民地政策の副産物といっていいくらいだ。

近代ボクシングの歴史は十八世紀初頭、イギリスのジェームズ・フィッグに始まる。イギリスがフランスに勝利し、海外貿易の覇権をにぎってすぐのことだ。が、当時のボクシングは力まかせの殴り合いであり、技術的には拙いものであった。

植民地時代、白人ボクサーと現地の武術家との立ち合いがひんぱんに行われることになるが、体格に勝る白人が勝利するとはかぎらない。新興の、発展途上の格闘技であるボクシングに対し、アジアの武術は歴史を重ね、突きも蹴りも投げも絞めも研究しつくされている。遅れをとって当然である。

「しかし、それでは宋主国のコケンにかかわる」

というわけで、イギリス主体ででっちあげられた格闘競技が、国際式ボクシングなのである。

一、蹴り（キック）はダメ、肘（エルボー）はダメ、頭突き（バッティング）はダメ、投げはダメ、締めはダメ、手刀（チョップ）も裏拳（バックハンド）もダメ、拳面（ナックルパート）以外の打撃は全部ダメ。

一、ベルトより下と背面への攻撃はダメ。急所攻撃もダメ。

一、貧弱な体をしたアジア人がヘヴィな白人に勝つには、柔よく剛を制す——防御《まもり》に徹し、自分からは仕掛けずに、敵の力を利用して変幻自在に動く合わせ技（カウンター）しかないのだが、それではファイティング・スピリッツが認められないのでダメ。

国際式ボクシングの基礎をなすこうしたルールは、十九世紀半ば、イギリス対中国のアヘン戦争、イギリス対インドのセポイの乱（第一次インド独立戦争）のすぐ後に作成された。そうしてアジア人との試合を、

「われわれのボクシングこそがグローバル・スタンダード、おまえらの拳法（ボクシング）はまちがった時代遅れのものだ」

と、白人有利のルールで縛りつけ、支配地の伝統武術を禁じてしまう。

同じころ、フランスでサバットが創出された。この格闘技の起源は謎につつまれているが、

——船乗りが東洋で学んだ足技に拠るところが大である

とされている。

また同じころ、グレコローマンスタイルのレスリングが制定された。

そして、わが国の嘉納治五郎《かのうじごろう》が、伝統の柔術をはじめ様々な武術を研究し、講道館柔道を立ち上げるのもこのころである。

良きにせよ、悪しきにせよ、東西が深く交流し、各地の武術・格闘技が大きな転換を迫られた時代であった。

図 17-3　古式のパンチ

西洋からもたらされたボクシング式のパンチは、19 世紀なかばまでにパフユッに取り込まれ、古式ムエタイを完成に導いた。すなわち、他の武器――肘・膝・足と巧みにコンビネーションさせる点にこそムエタイのパンチの特徴がある。古式の指南書に説かれるパンチング技術（防御をふくめ）をいくつか見てみよう。

A　弓を引くラーマ Pra-Raama Now Sorn

クラビー・クラボーンの二刀術では、二刀を同時に用いる攻撃がよく見られる（左）。それを承けた古式ムエタイにも、拳と膝など二つの武器を同時に撃ちこむ技法が多い。〈弓を引くラーマ〉は、敵の両肘打ちを前腕でブロックし、アッパーカットで反撃する技（右）。

この子技は頭に打ち落とされる肘の防御に用いられる。ダッキングし、腕を曲げて肘を振り上げ、ついで拳で攻撃する。

敵：前に歩を進め、我の頭を砕くために両肘をあげる。

我：敵に向けて踏みこみ、右前腕が地面と平行になるように振り上げて、敵の両肘を防ぐ。それから、左拳で敵の顎にアッパーカットを放ち、さらに踏みこみパンチをつづける。

左腕でブロックした場合は、左右入れ替えて同じように反撃する。

（『虎王の指南書』より）

B　巨象との闘争 Pajon Chaang San

我、右パンチを敵の顎に、左まわし蹴りを敵の脇に入れる。この技は、広い角度でガードしながら防御、またはのがれる敵を攻撃するさいに使用される。

防御するには、対手の拳を払って後ろに流し、身を右に向け右肘を下げて、対手の蹴りをガードする。反撃するには、左足または左脛で対手の脇を蹴る。

我が左利きの戦士ならば、左右を逆にする。

（『シャム拳法の八武器』より）

トーンラウ師範によると、この技はキックとパンチの同時攻撃といいながらも、わずかな時間差があるという。まず蹴りで対手のガードの腕を下ろしてやる。足が彼の体に当たると同時に、空いた顔面にストレート・パンチをお見舞いするのだ。

C　指環を捧ぐハヌマーン Hanumaan Thawaai Waen

こんにち“マッ・ソイ・ダオ”と呼ばれている両拳によるアッパーカット。跳躍し両膝蹴りをコンビネーションさせる変形もある。

（左）この動作は、両拳で敵顎を突き上げる、というもので、近間での対手の拳または足の防御に用いられる。

敵：左足を前に踏み出し、左拳で我の顔面を突く。

我：身を反らせて（スウェイして）パンチをのがれ、右足を踏みこんで間をつぶし、身を左にひねってから、顎に両パンチを放つ。

敵が左拳を突いてきたときは、左右入れ替えて同じように反撃する。

（『虎王の指南書』より）

（右）敵の顎に両拳のアッパーカット、胸には両飛び膝蹴り。この技は、攻撃、防御、エスケープ、あるいは敵が油断したときに用いられる。

防御するには、後ろに飛びすさってパンチからのがれ、肘で腹から胸をカバーする。反撃するには、敵の左脚に右回し蹴りまたは前蹴りして、他の技につなげる。

（『シャム拳法の八武器』より）

D　気流の剣を断つ Hak Dan Lom Krid

我、敵の左顎を右拳で突き、右腕を上げたまま一呼吸で、同じ箇所または首を肘で撃つ。つづけてスウィング・バックエルボーで再度顎を突く。

この技は攻撃、防御、エスケープに用いる。防御するには、対手の拳を左腕で左に払う。または足先で腹を蹴る。反撃するには、右回し蹴りを対手の脇に入れる。

我が左利きの戦士であるなら、左右を逆にする。

（『シャム拳法の八武器』より）

シャムに話をもどす。

西洋列強がアジアを蚕食《さんしょく》した植民地時代、日本とともに独立をまっとうした数少ない国のひとつであるシャムでは、伝統武術は、西洋の影響を受けながらも、闊達な発展を遂げることができた。

宮廷道場において、クラビー・クラボーンのなかから武器・徒手共通の体変化であるメーマイ（母技）が抽出され、さらにシャム拳法を特徴づける徒手に固有の戦略ルークマイ（子技）の整備がはかられた。また、母子技からコーンムエ（拳法術）、チエンムエ（拳術技）などと称する高度に発展した多彩な術技のセットが作成された。

これらの特殊な技は、ラーマ三世の御代（一八二四～一八五一年）に編まれた現存最古のパフユッ教則本の挿絵（第6章参照）に見ることができる。してみると、現在「古式ムエタイ」とよばれているシステムが完成したのも、十九世紀なかばのことと思われる。

次章では、こんにちのムエタイにつながる子技に独特な技術を見ることにする。

18 瓜の飾り切り ファン・ルーク・ブアッ

❖子技（ルークマイ）

早くから国民皆兵の制を敷いたシャムでは、職業のへだてなく徴兵した男子に効率よく戦闘技術を仕込むシステムの創作・管理は国家が統轄した。こうしたシステマティックな戦闘技術（マーシャルアーツ）、ないしは官製武術から、武器・徒手共通の体変化を抽出したのが「母技」である。

十九世紀に入ると、西洋のボクシングの影響を受け、徒手に固有の戦術「子技」が整備された。いわゆる「古式ムエタイ」の完成である。

〝パフユッ〟はアユタヤ朝以来のシャム拳法だが、こんにち〝ムエボーラン〟（古式ムエタイ）というとき、母技と子技に基礎をおく拳法をさすことが多い。

子技は、つぎの十五技から成る。

①牙を刺す魔象（敵パンチ→上段受けでブロックし、アッパーカット➡第16章）
②足で顔を拭く（敵パンチ→手で払い、顔面に前蹴り➡第14章）
③乙女をさらう夜叉（敵パンチ→拳をかわして、敵の体を捕り投げる➡第9章）
④弓を引くラーマ（敵両肘打ち→前腕でブロックし、アッパーカット➡第17章）

⑤瀬を遮る大虎（敵、上段に前蹴り↓蹴りをかわし、軸脚を前蹴り）
⑥ふりむく鹿（敵パンチ↓バックスピン・キック➡第15章）
⑦大地を転げる金塊（敵キック↓肘でブロックし、バックスピン・エルボー➡第15章）
⑧地下を這う竜（敵キック↓身を低くしてかわし、軸脚をまわし蹴り）
⑨指環を捧ぐハヌマーン（敵パンチ↓身を低くしてかわし、両拳でアッパー➡第17章）
⑩網打つ越人（敵、中段に前蹴り↓身を開いてかわし、軸脚をまわし蹴り）
⑪柱を支えるタイヤイ人（敵ハイキック↓蹴り足を手ですくい、軸脚を前蹴り）
⑫翼の折れた霊鳥（敵パンチ↓拳の内側に身を移し、腕の付け根に肘フック）
⑬断たれた花環の糸（敵パンチ↓拳の内側に身を移し、胸の真ん中に肘アッパー）
⑭寺を掃く沙弥（敵ハイキック↓身を屈めてかわし、軸脚をまわし蹴り➡第17章）
⑮瓜の飾り切り（敵パンチ↓拳の内側に身を移し、顔面を肘で切り裂く）

これらのうちいくつかは、すでに説明した。

現在の競技ルールでは禁止されている③の投げ技が含まれていることに注目される。

肘の用法が、⑦のバックスピン・エルボーを別にして、⑫⑬⑮の三通りある。

また、敵キックに対し、その軸脚を刈る、ないしは蹴って反撃する用法が、⑤⑧⑩⑪⑭と五通りもある。

こうしたことが、ときとして今様のムエタイとは大きく異なることのある古式の戦略《タクティクス》を特徴づけているとみてよい。

❖軸脚へのカウンター

子技十五技のうちの、じつに三分の一が敵の蹴りに対するその軸脚へのカウンターによって占められている。キック対策は徹底的に研究されていたのだ。

対手《あいて》が、ハイキックを飛ばしてきたとする。

膝を屈して身を下ろし、蹴り足が頭上を通過するやいなや、その軸脚を蹴り払って、地に転がしてやる。第八技の〈地下を這う竜〉（ナーガ・ムーッ・バーダーン）という技だ（図18－1A）。対手は、頭から地面に落ち、手酷いダメージを被ることになる。

もっともこれだと、前章でみた〈寺を掃く沙弥〉と大して変わらない。初《はや》い時代の〈地下を這う竜〉は、その名のとおり、両手を地に着け、這うような恰好をして足を刈ったようである。中国拳法の掃腿《そうたい》に似る。

ミドルキックに対しては、第十一技の〈柱を支えるタイヤイ人〉（タイヤエ・カーム・サオ）がある（図18－1B）。チャイヤーラット道場でならった方法は、『虎王の指南書』の説明とすこし異なる。

敵の蹴りを「師なる構え」（タークー）で、すなわち膝を肘に触れるまで上げ、その膝でブロックする。膝で遮《ふせ》いだ対手の蹴り足を、ガードの手ですくい上げるか、かかえ捕りにする。同時に、上げた足のかかとを、対手の軸脚の膝のすこし上あたりを狙って、ハンマーのように撃ち下ろしてやるのだ。

顔面への前蹴り、つまり第二技の〈足で顔を拭く〉に対しては、第五技の〈瀬を遮る大虎〉（グロン・カーン・ファアイ）で反撃する（図18－1C）。

蹴りを腕で撥《は》ねあげながら身を開いてかわし、同時に敵の軸脚に爪先を突きこむ。

図 18-1　軸脚へのカウンター

A　地下を這う竜 Naak Mood Baadaan（上段まわし蹴りに対するカウンター）

この動作は、体を曲げて敵の蹴りをのがれ、同時に対手の軸脚を刈って、ダウンを奪うために用いられる。

敵：踏みこみ、我の首を右足で蹴る。

我：間合いに注意しながら、左足を前に踏みこみ、身をすくめて対手の蹴りを頭上にやり過ごす。そのとき、敵の左膝を右足で刈り、ダウンを奪う。

敵が左足で蹴ってきたときは、左右入れ替えて同じように反撃する。

B　柱を支えるタイヤイ人 Thayae Kham Sao（中段まわし蹴りに対するカウンター）

この動作は、敵の中段のまわし蹴りに対する反撃に用いられる。蹴り足を手で捌き、その軸脚にかかとを打ちこむ。

敵：左足に体重を乗せ、身を反らし、両拳でガードしながら、我の脇を右足で蹴る。

我：身をすばやく右に向け、敵の足を持ち上げ、右脚に体重を乗せながら、敵の膝をかかとで蹴る。

敵が左足で蹴ってきたときは、左右入れ替えて同じように反撃する。

（『虎王の指南書』より）

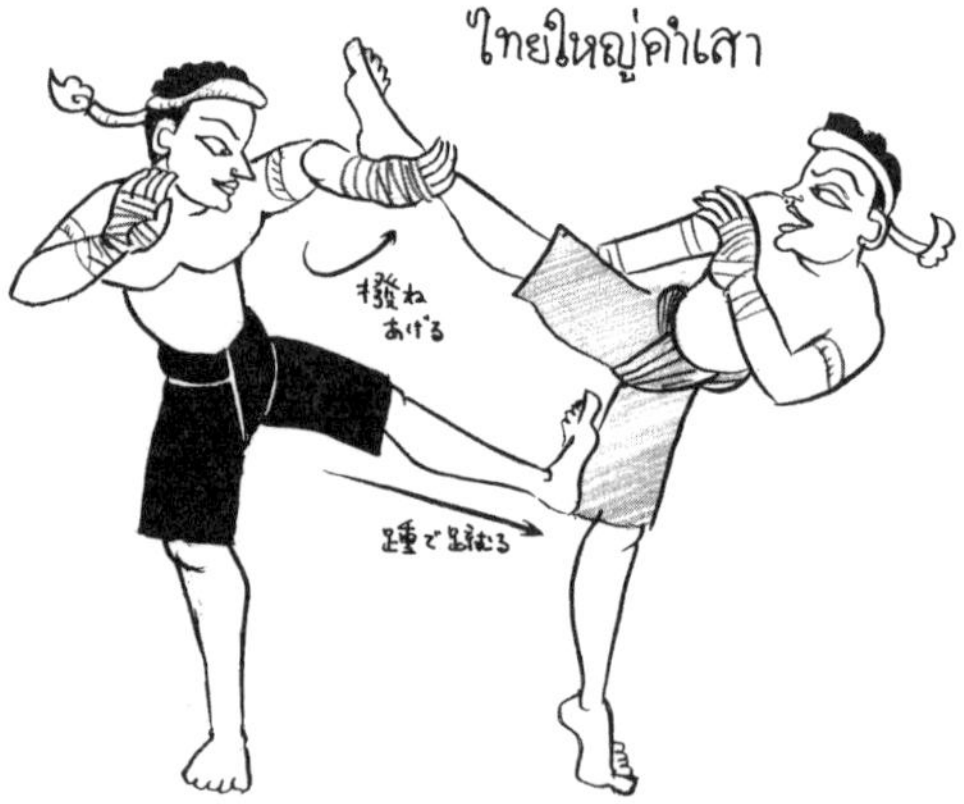

C　瀬を遮る大虎 Grong Khaan Huai（上段前蹴りに対するカウンター）

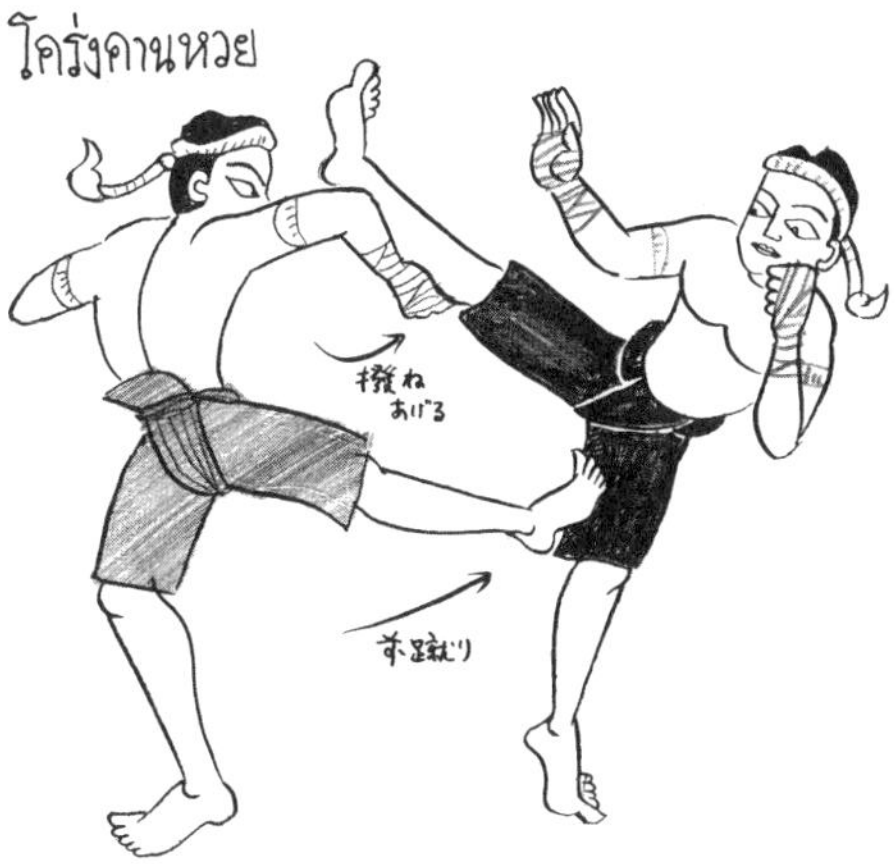

この動作は、〈顔に触れる足〉に対するカウンターとして用いられる。顔面への前蹴りをのがれ、対手の軸脚を足先で蹴る。

敵：踏みこみ、我の顎を右足で蹴る。
我：身を開き、曲げた右腕で蹴り足を撥ねあげる。右足で敵の軸脚を蹴り、ダウンを奪う。

敵が左足で蹴ってきた場合は、左右入れ替えて同じように反撃する。

D　網打つ越人 Yuan Thod Hae（中段前蹴りに対するカウンター）

この動作は、前蹴りに対する防御に用いられる。蹴り脚を手で捕り、外側に身を運んで、対手の膝裏を刈る。

敵：踏み込んで我の腹を左足で蹴る。
我：右足を斜め前に進めて敵の攻撃からのがれ、左手で脚を捕る。身を左にひねり、同時に右足を膝関節に撃ちこむ。

敵が右足で蹴ってきた場合は、左右入れ替えて同じように反撃する。
（『虎王の指南書』より）

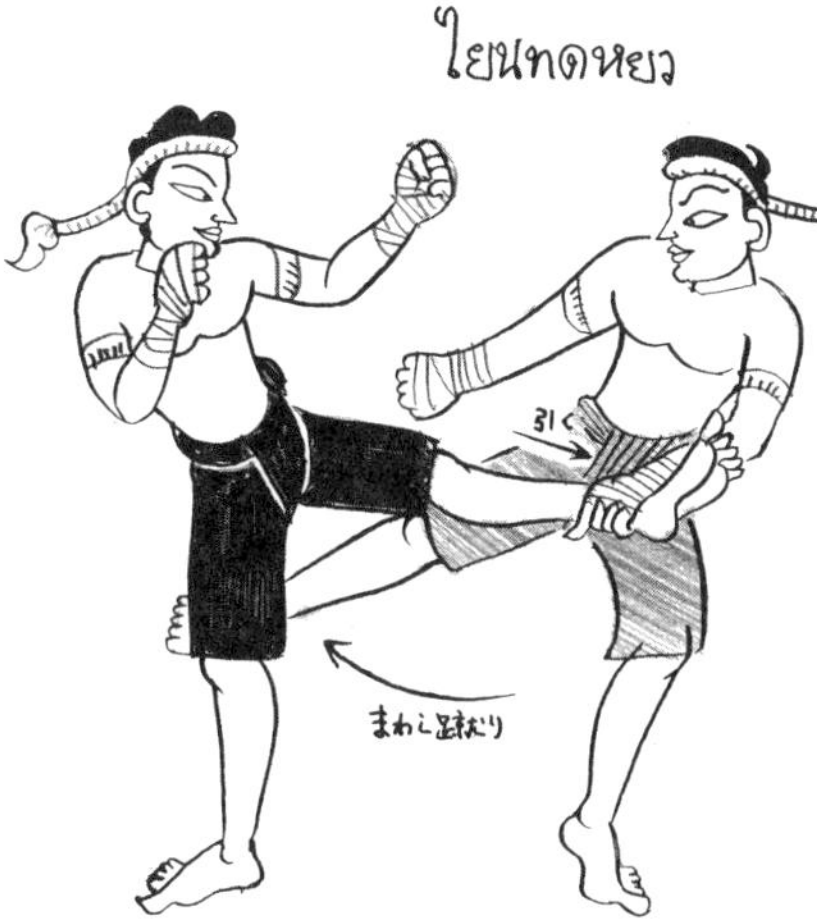

みぞおちあたりを狙った前蹴り、つまり母技の〈柱を支えるモン人〉には、第十技の〈網打つ越人〉（ユアン・トーッ・ハエ）で対処する（図18－1D）。

蹴りの外側に身を運び、その足を手捕りして、引きながら、軸脚を刈る。

現代ムエタイのリングでも、対手の蹴り足を捕り、軸脚を刈ってマットに転がす光景はよく見かける。しかし、その時点でファイトは一時ストップされ、ダウンとしてカウントされることもない。

ところが、古い時代の試合では、倒した対手への攻撃が許されていた。とくに、蹴り足を捕って倒すときは、その手を離さず、おのれもいっしょに倒れこみ、対手の急所に肘や膝や尻を落とす。下は堅い地面だから、衝撃はいっそう強いものになる。その方法も、じつによく研究されていた。軸脚へのカウンターは、フィニッシュにつながる必殺技だったのだ。

また前章で述べたように、ローキック（古式名は〈小さく掃く〉）は、軸脚へのカウンターが変化したものだ。いずれも、体重の乗った軸脚を狙う、ということは共通している。

❖肘打ち

肘の骨は硬い。しかも深く折りこむと、その骨がするどく飛び出してくる。そのため肘は、剃刀《かみそり》に喩えられる。徒手戦闘では、ザックリと敵を切り裂く最終兵器だ。拳・膝・足も、大量出血をひきおこすという点においては、肘にはかなわない。

古式ムエタイでは、肘こそ最大の武器と見なされていた。「肘の魔術師」とよぶべきファイターも大勢いた。かれらは「いかなるときでも、戦士が槍を振りまわすごとく」肘を用い、正確にヒットさせたという。

肘打ちにはタイミングと情況に応じていくつかのタイプがあるが、攻撃パターンは、

○打ち下ろす
○突き上げる
○水平に振る
○斜めに振る

の四種に大別することができる。

打ち下ろす、については、母技の〈杭打ち〉でみた。子技の、
第十三技〈断たれた花環の糸〉（サーイ・プアン・マラーイ）（図18－2A）
第十二技〈翼の折れた霊鳥〉（ホン・ピーク・ハッ）（図18－2B）
第十五技〈瓜の飾り切り〉（ファン・ルーク・ブアッ）（図18－2C）
はそれぞれ、突き上げる、水平に振る、斜めに振る、のベーシックな用法を示している。基本形ではいずれも、対手のストレートを手で捕りながら、内ふところに入り、同時に肘を振る。

「突き上げる」は、下からぶつけるアッパーカットのような打法で、ムエタイの肘打ちの基本。左肘を使う場合は、左手を首の左側にひきつけるようにして肘を折り曲げ、腰―肩の回転に乗せながら、目標を突き上げる。

「水平に振る」は、ボクシングのフックのように、腕は水平になる。手を低くして、肘を深く曲げ、肩をまわしながら、肘を突き出す。

「斜めに振る」は、脇にひきつけた肘を、内側に四十五度の角度で撥ねあげる技で、ボクシングのショベルフックに相当する。

図 18-2　肘打ち

A　断たれた花環の糸 Saai Puang Malaai（肘アッパー）

この動作は、近間で脇や心臓に肘を打ちこむために用いられる。

敵：右足を前に踏み出し、右拳で顎をガードしながら、左拳で我の顔面を突く。

我：身を回し、敵の腕の内側に踏みこむ。敵の左腕を右手で払い、同時に敵の胸に左肘を打ちこむ。

B　翼の折れた霊鳥 Hong Peek Hak（肘フック）

この動作は、パンチに対する防御に使用される。対手のふところにすばやく身を移し、腕の付け根を肘で打つ。腕は破壊されるか、酷いダメージを負う。

敵：左足を前に踏み出し、左拳で顎をガードしながら、右拳で我の顔面を突く。

我：踏みこんで、敵拳を左手で払う。同時に、右肘をすばやく敵の右腕の付け根（または上腕の真ん中あたり）に撃ちこむ。

C　瓜の飾り切り Fan Look Buab（肘ショベルフック）

この動作は、敵にすばやく接近して、額に肘を放つために用いられる。

敵：踏み込んで我の顔面を左拳で突く。

我：右足を踏みこみ、右腕で拳を外して、左肘を額に放つ。敵が右拳を突いてきたときは、左右入れ替えて、同じように反撃する。

（『虎王の指南書』より）

オーソドックスの構えで右肘を放つ場合は、腰を鋭く回転させながら右手を首の左側に移動させることで、肘を射《う》つ。左肘ではもっと小さな動作になる。左手が首の前あたりにくるようにして打つわけだが、肩の回転を利かせて威力を増す。

これは、対手を容易に切り裂くことのできる肘打ちのひとつである。

競技ルールはなきに等しい古式だが、流血をみれば、試合はすぐにストップされた。寺院の境内が試合場であった時代、聖域を血で穢すわけにはいかなかったのだ。逆説的に、切るための肘打ちが発達した。

この場合は、力を籠めすぎてはならぬ。たとえば、対手の眉あたりを裂きたいのであれば、肘尖が目標を軽くとらえるぐらいに振る。しかし動作は、勁《つよ》く、鋭いものでなければならぬ。

〈瓜の飾り切り〉の名は、野菜や果物の表面に美しい彫刻をほどこす宮廷料理のフルーツカーヴィングに由来する。

これはタイで聞いた話であるが、シャムの王たちは、他国では見ないような独特の方法で、料理の守護神となったという。なかでも代表的な人物が、ラーマ五世である。彼には三十六人の妃がいた。王の食事は、妃たちの侍女が調えた。そして彼は、気に入った料理を差し出した妃のもとに足を運んだ。

権勢と生活のかかっている料理ともなれば、競争は真剣そのものとなる。そこから微妙な味と口あたりを持ち、見かけにも気を配った繊細な料理が生まれた。トムヤム・クンも、フルーツカーヴィングも、そうして生まれたのだという。

フルーツカーヴィングの場合は、料理用のナイフの切尖にまで神経を通わさねばならぬ。切り込みが深すぎれば彫刻は台なしになるし、浅ければ用をなさぬ。

コツは、ムエの〈瓜の飾り切り〉も同様だ。すなわち、繊細さと力強さの絶妙なコンビネーションが要求されるのだ。

そして、トムヤム・クンがシャムの代表的料理として宮廷から民間に普及していったように、宮廷拳法としてのパフユッもこの時代、一気に大衆化してゆく。

❖ムエの国技化

ラーマ五世の時代（在位一八六八〜一九一〇年）。シャムの近隣諸国は——

ラオス、ベトナム、カンボジアは、フランスの植民地になっていた。

ビルマ、マレー、シンガポールは、イギリスの植民地になっていた。

ジャワやスマトラ、バリ島は、オランダの植民地になっていた。

太古以来の文明を有するインドや中国すらも、イギリスその他によって蚕食《さんしょく》されていた。

貪欲なファランどもは、シャム王国そのものをも虎視眈々《こしたんたん》とねらっている。独立をまっとうするには、どうすればよいか!?


ラーマ五世は考えた。

近隣諸国の植民地化の経緯をみれば、答えはおのずから明らかとなる。国内の民族同士の対立に乗じ、いずれかに加担し、武器を売りつけるなどして、おのれの権利を増してゆく。あとは土地を要求し、要塞やかれらの寺院であるテンポロやチャーチを建て、そこを足がかりに国そのものを乗っ取ってしまう。それがファランの常套手段なのだ。


——シャムを、寄生虫のもぐり込めぬ一枚岩としなければならぬ！

ラーマ五世は、日本の明治天皇（在位一八六七〜一九一二年）とほとんど同時期の君主である。

彼はやはり「維新」政策を取り、シャムは急速な近代化に突入していった。仏教界が刷新され、中央集権化がはかられ、それまで独立した王国であった北部のチェンマイ、ランプーン、ランパーンの三王は、ラーマ五世に領土を「奉還《ほうかん》」し、臣下となった。

そして、国家を一にするためには、言語や教育、文化などをも一にする必要がある。スポーツとて例外ではない。明治日本で相撲が国技とされたように、また旧ソ連が領有した広大な地域のさまざまな民俗レスリングに柔道を加味してサンボをつくりだしたように、国技の存在とそれへの励行は、国民に共通の話題を提供することになる。

ラーマ五世が国家統一の手段として「国技」の創造に力を入れたのは当然の成りゆきといえよう。

彼は、官製拳法をおさめた武人を全国の都市に派遣した。かれらは地方に根を下ろし、土地の者を鍛えた。それとは別の経緯で宮廷拳法が南部のチャイヤーに伝えられたことは、第9章に述べたとおりである。ともあれ、宮廷拳法が土着の格闘技とミックスし、さまざまな流派が生まれていった。

王は「国技としてのムエ」の価値を大いに意識し、全国に国技促進のために試合を執り行うよう発布した。王室にあってもさまざまな儀礼——断髪儀礼、荼毘《だび》、迎賓のさいに試合を行わせた。

仕上げは、早世したマルポン・シリパット王子の霊を慰めるために、その火葬の前に催された一大トーナメントである。シャム全国の地方の試合を勝ち抜いてきた拳士たちを競わせ、上位三者に〝ムエン・ムエ〟(拳卿)の称号を与え、貴族に列せさせたのだ。すなわち——

優勝者のチャイヤー拳法、プロン・チャムノーントーンには、〝ムエン・ムエ・ミー・チュウ〟(もっとも高名なる拳卿)の号を。彼は投げの名手として有名《な》だった。

準優勝のロッブリー拳法、クリンには、〝ムエン・ムエ・マン・マッ〟(精妙なる拳を有する拳卿)の号を。彼はたくみな攻防技術で知られ、ストレート・パンチに勝れていた。

三位のコーラート拳法、デーン・タイパサートには、〃ムエン・チャンガド・チャーン・チョッ〃（金剛拳を有する拳卿）の号を。彼は「水牛をも倒す」剛拳で知られていた。

それぞれ、シャムの南部、中部、東北部を代表する名手である。〃ムエン・ムエ〃には、政治的なおもわくも見え隠れしている。

新しく領土となった北部からは、拳卿は選出されていない。ラーマ五世はチェンマイ等を併合するさい、その土地の伝統武術を禁圧している。そのため、ムエウタラディットと呼ばれた北部拳法のスタイルについては、今日ほとんど知られていない。

しかし、前述の〈柱を支えるタイヤイ人〉が、ほんらい北部の技であった可能性はある。同じタイ族でも中部のシャム族とは系統の異なる北部タイ人をさす言葉が、〃タイヤイ〃なのだ。

19 鶏をつつく鴉 カー・ジグ・カイ

❖ビルマとの対抗戦

「ソンクラーン（新年）おめでとう」

たれかれなくそういいあって、水をぶっかけ合う。水道の蛇口を開きっぱなしにしたホースで、あるいはバケツで。乾季のさかり、西暦では四月中旬にあたるタイ正月には欠かせぬ行事だ。

その日、タイの首都バンコクから北西に五百キロの地点にある小さな町メーソートは、ビチョビチョの躁《そう》状態に沸いていた。外人だからといって、見逃してもらえない。

（あ〜あ、パンツまでビショ濡れだ）

どうせなら、パンツの中身もグチョ濡れにしてほしいものだが、そんなことを考えるケガれた外人だからこそ、集中放水される。が、怒るのは野暮というものだ。水かけには豊穣《ほうじょう》祈願にくわえて、日本的な禊《みそぎ》の意味あいもあるのだろうから。

そして、メーソートは、いまひとつの興奮で沸きかえっていた。

ムエタイVSラウェイ（ビルマ拳法）の対抗戦だ。

メーソートの町の西を流れるモエイ川が、タイとビルマ（現ミャンマー）を分けている。十八世紀、ビルマ軍はこの川を渡り、羊腸のように曲がりくねった山道を駆けくだって、シャムの王都アユタヤを攻略した。

そのときビルマに虜《とらわ》れたシャムの戦士カノム・トムが、ビルマの勇士十名を素手の闘いで撃破《うちやぶ》ったことは第6章ですでに述べたが、その両国のプライドをかけた格闘が再現されるというのだ。しかも拳にグラブではなく、バンテージを巻いただけで闘ういわゆる〝ムエカッチューア〟で。もっとも、正確を期せば、シャムの古式の戦闘スタイルであるムエカッチューアでは、拳に巻くのはバンテージではなくチューア、すなわち布を紐状に縒《よ》ったものであるのだが。

この対抗戦が、沢田嘉嗣氏によって格闘技誌に紹介されたのは一九八九年ごろ。一九九一年、わたしはそれを見るために、辺鄙《へんぴ》なメーソートくんだりまでやって来たのだ。

ふだんは昔ながらのタラート（市場）として用いられている大きな屋根だけの建物のなかに、特設リングが設けられ、五対五の決闘が行われる。選手のほとんどは二十歳《はたち》前後の若者だ。

先鋒《せんぽう》の試合。

タイ選手が、ワイクーを舞う。

ビルマ選手が、ジェンカーレを踏《おど》る。リズミカルに跳びはね、膝を掌で打つ闘いのおどりだ。全身にほどこされた刺青《いれずみ》が不気味に躍動する。

カーン！　戦闘開始のゴング。

太鼓、喇叭《らっぱ》、鉦《かね》が奏される。ケーク・チャオ・セン（ムエタイの試合中に演奏される楽曲）とは異なるビルマ風の旋律のようだ。が、それを確かめる間もなく、闘いの伴奏は、歓声に呑みこまれた。

青パンツのビルマ選手がいきなり突っかける。ジャンプして身を水平にし、両足で対手《あいて》を蹴るプロレス式のドロップキックだ。赤パンツのタイ選手は、これを予見していたとみえ、さっとかわす。

青パンツの選手が背からマットに落ちる。赤パンツがその顔面に足を踏みおろす。二人いるレフェリーの一人が、とっさに両者の間に割って入って、これをストップさせた。

レフェリーも、タイ人とビルマ人だ。試合はKO、TKO以外はノーコンテスト。判定はない。それゆえレフェリーの責務は、試合を進行させるというより、転倒した自国の選手が攻撃されるのを身を挺《てい》して守ることにある。

立ち上がった青パンツは、こんどは拳を風車のように振りまわしてラッシュした……。

❖現代ムエタイの完成――シンプルゆえの強さ

さて、日本の明治天皇と同時期の君主であるラーマ五世が、シャム王国の国技とすべき格闘技の創出を画策したことは、前章でみた。

続くラーマ六世（在位一九一〇〜一九二五年）は、それまで祭や王室の催事として行われていた試合の定期興行化をはかった。観客から入場料を徴集し、国費にあてるためである。その記念すべき第一回目の興行が一九二一年の、本書第一章に述べたシャム一の拳士を決めるトーナメントである。

一九二〇年代は、ムエカッチューアが最後のきらめきを放った時代、といってよい。

はじめは屋外で行われていたが、やがてラジャダムナン（王室系）の前身である専門のスタジアムが建設された。さらにギャンブルの対象になり、勝者には多額の賞金が与えられるようになった。西洋のボクサーや中国拳法家との試合もさかんに行われ、金と名誉を賭け、技術はいちじるしく進化した。

一九二九年に、ムエカッチューアは法的に禁止され、馬の尻尾の毛を牛革で包んだボクシング・グラブが採用されるようになった。カッチューアではあまりに危険であったためだが、西洋諸国から野蛮国の謗《そし》りを浴びることを避けんとする政府の思惑もあった、といわれている。

いずれにせよ、これは大きな変革であったに違いない。素手に近いカッチューアとグラブでは、闘いかたがまるで異なるからだ。

そして一九三九年、国号がシャムからタイに変更され、その後、競技ルールもすこしずつ整えられ、それにともないパフユッに代わる〝ムエタイ〟の名も定着してゆく――。


ビルマとの国境の町メーソート。

町も、そしてリングも水浸しだ。選手からほとばしる汗だけではない。インターバル中、選手のほてった体を冷やすために、細かい氷を混ぜた水が頭からぶっかけられるのだ。なお、タイ政府は、違法のムエカッチューアに準ずるこのビルマとの対抗戦を、祭の余興として見て見ぬふりをしている。

カーン！　第二ラウンド開始を告げるゴング。

一ラウンド同様、青パンツのビルマ選手が突っかけてゆく。跳び膝、後ろまわし蹴り、パンチ、パンチ、パンチ……。赤パンツのタイ選手は、ボクシングのようなステップを踏みながら、冷静にそれらの攻撃をさばいている。しかし、彼は、

（シャム時代の拳士と闘っているのではないか）

わたしは、ふと、そんなことを思った。

そのアグレッシブな戦法はともかく、ラウェイことビルマ拳法は、パフユッにおどろくほど酷似しているのだ。

こんにちのムエタイとは異なり、古式のチャイヤー拳法では――
○両膝を曲げて腰を低くおろし、小さく構える。
○足運びは、摺り足が基本。
○肘・膝を主要武器とする。
○ワンツーなど、西洋拳法（ムエファラン）から採りいれたパンチングも巧みに織りまぜる。

○キックの使用は、対手のバランスを崩すことを第一の目的とする。
○流れに応じて、投げや関節技、さらに頭突きを使用する。
○対手の首や肩に手をかけ、瞬時に膝を突きこむことはあるが、首相撲はない。
○しばしば跳躍技を用いる。

ビルマ選手も、立ち腰のタイ選手と異なり、腰をきちんと落としている。そして、その膝のタメを用いて、宙に舞い上がり、空間で体をくねらせては襲いかかっている。素手に近い拳も重要な武器だ。くわえて、今のムエタイが捨て去った投げや関節や頭突きまである。技はきわめて多彩なのだ。

対して現代格闘技としてのムエタイがゆきついたのは、そんな多彩さの対極にある、

――シンプルさ

であった。

一見、棒立ちのように見える構えからは、拳、肘、膝、足のいずれもが、無理なく、最大限の力をのせて撃ち出すことができる。しかも同一の体の使い方で。

たとえば、まわし蹴りは、ミドルキックが基本だ（図19－1A）。膝から先に入ってきて、続いてさらに加速された足が鋭い弧を描いて伸びてくる。この膝をまわしてくるとき、常にミドルの位置に膝がくるのだ。この前半分の動作は、膝蹴りのそれとまったく等しい。

そして、このミドルの位置からなら、ハイ、ローすべてに変化することができる。対手は膝から下が伸びて飛んでくるまで、ミドルかロー、ハイか読むことができない（図19－1B）。

また、左の蹴りだとすれば、両手を顔の横に構えた位置から、左手を下に振りおろし、右手はガードの位置において、ミドルキックするのが基本的な形となる。この手を振りおろす動作は、対手のパンチを払ったり、首を捕って引き崩しつつ膝蹴りするときの動きとも共通する（図19－1C）。

図 19-1　現代ムエタイの基本動作

いくつかある古式ムエタイ諸派のなかでも、武器・徒手一如の古武術的なありかたを最も濃厚にしめしているのが、チャイヤー拳法だ。肘・膝を主要武器とするチャイヤー式に対し、まわし蹴りの用法を徹底的に磨きあげたのが現代ムエタイといえるかもしれない。

A　まわし蹴り（テッ）

①右構えの場合は、体を正面に向け、立ち腰になって右足に体重をかけ、両手を顔の横に置く。
②右足を右斜め前に踏み込み（これによって敵の真正面に立つことを避けることができる）、同時に左膝をガニ股気味に上げる。ガニ股から始動するのは、敵の体に蹴り足を垂直に当てるため。
③膝をたたんだまま、腰の回転で膝先を走らせて、敵の動きを追う。
④ギリギリまで膝を曲げてタメをつくり、左手を振りおろしながら膝先（脛）を叩きつける。このとき腰と膝の回転につられるように軸足も回転させる。インパクトの瞬間はほとんど爪先立ちとなり、かかとが正面を向く。

B　Aの③④を上から見ると

まず膝で対手の動きを追い、膝のスナップを利かせ、最短距離で脛を蹴りこむ。

C　手の動き

Aの④の左手を振りおろす動作は、そのまま対手の攻撃や腕をさばく手となり、対手を押し崩し、さらに対手の首を捕る手となる。すなわち、単一の体使いと基本理論で攻防の技をくり出すことのできるシンプルさこそに現代ムエタイの強さの秘密が隠されている。

これに関連して、ＷＭＣ（世界ムエタイ評議会）発行のパンフに興味深い意見が寄せられていたので、引用させていただく。

攻防の理想的な動きは、いかにして会得することができようか？

答えは、稽古、稽古、稽古！

われわれの筋肉神経系は、行動パターンを記憶することができる。稽古を数限りなく反復することによって、筋肉と神経にムエタイ独特の所作が焼きつけられ、さまざまな状況に容易に反応できるようになるのだ。リアクションに要する時間の短縮――ムエタイの必須要素である。

そして、稽古量にくわえて、ブロック、カウンター、コンビネーションの多種多様の方法を身につけることによって、ファイターの力量は大幅に底上げされると思われるかもしれない。

ところが、これが必ずしもそうでない。リングでは、パンチや蹴りのような敵の攻撃に対するカウンターの引き出しの数が多ければ多いほど、それに要する時間も長くなる。『ヒックの法則〔Hick's Law〕』（一九五二年）は、

「カウンターの選択肢が増えれば増えるほど、リアクションに要する時間も増す」

と述べている。反応する時間が長くなればなるほど、攻撃をまともに食らってしまう可能性は高くなる。

したがって、あらゆる技術を身につけるよりも、経験や体つきに応じて、おのれに適した限られた数の技をよく稽古するほうが、カウンターやブロックに即座に移行することできる。リングスポーツでは、より有益である、ということだ。

た。

❖しかし足、拳にかなわず

ともあれ、ムエタイVSラウェイの対抗戦は、奇しくも、現代格闘技と古武術の対決のような様相を呈していった。

両者を一にして考えることには、どだい無理がある。

古武術が前提とする戦場では、草原やジャングル、石だらけの河原、泥沼で闘わなければならない状況もありえる。ムエタイの試合前のワイクーにも、古くは、

——足場を確認する

という目的があった。チャイヤー拳法の宗師ケット・シーヤーパイはいっている。

「むかしはリングというものがなかった。選手は地べたで闘った。そのため、地面の状態を知ることが必要だった。だから、呪文を唱えながら大地にひれ伏して、その状態を調べていたのだ。もし闘技場が粘土であれば蹴りを使うのは難しくなる。拳や肘に頼らざるを得ない。砂であればスリップに注意しなければならない」

そんな場所で、ハイキックを使おうものなら、たちまちひっくり返ってしまう。足場が悪くて闘えない、と思った時点ですでに負けだ。あらゆる状況を考えねばならぬのが武術だ。

しかし、両者をあえて同じリングに上げたとき、イギリスの植民地とされ、その間武術を禁圧され、独立後も政情さだまることないビルマ側の戦闘能力が、独立をまっとうしたタイのそれに対し、二百年もの遅れをとっていたことも、悲しいかな事実であった。

かれらの前には、国家の名誉をかけて磨きぬかれた現代ムエタイが、壁のように立ちはだかっていたのだ。

五対五の決闘は、どれも終始おなじような展開をみせた。

ムエタイが得意とする首相撲は、ほとんど見られない。ラウェイには頭突きや投げがあるからだ。

それでも、試合はすべてタイ側が制したのである。しかも、そのほとんどがパンチによるＫＯで。

拳、肘にかなわず
肘、膝にかなわず
膝、足にかなわず
しかし足、拳にかなわず

というムエタイの格言を思い出した。

拳が最強、というわけではない。しかし、このような闘いでは、拳をうまく使いこなせる者が、けっきょくは勝利するのではないか、と思ったのだ。

なお、本章のタイトルの〈鶏をつつく鴉〉（カー・ジグ・カイ）は、基本のストレート・パンチにつけられた古式名である（図19－2A）。

図 19-2　古式テキストに見るパンチ

本文中に引用したWMCのパンフは、「攻防の理想的な動き」を決定する要因として「打撃の軌道」をとりあげ、「その基本的なアイデアは、最短の径（パス）を使用すること」だとし、ストレート・パンチの有効性を説いている。これまでみてきたように、ムエタイのパンチは西洋拳法に学んだもので、技術的にもボクシングと異なるような特徴はないが、古式テキスト『シャム拳法の八武器』から二つだけその用法を見ることにする。

A　鶏をつつく鴉 Kaa Jig Khai（ストレート・パンチ）

我、まず左のストレートを敵の顎、鼻、目に放つ。そして即座に他の技につなぐ。この技は攻撃、防御、エスケープに用いられる。防御するには、右パンチを放ち、右腕で対手の拳軸をそらす。反撃するには、敵の左脇を右膝で蹴る。

B　強堤を砕く竜 Naaka Pon Fai Kan（両拳のワンツースリー）

我、敵の腹を左アッパーカットし、右にステップし、右ストレートパンチを顎に、左パンチでもういちど顎を打ち抜く。この技は攻撃に用いられる。防御するには、ステップバックしてパンチからのがれ、左足で蹴る。反撃するには、敵が接近してきたときは、右膝でその腹を蹴る。
我が左利きの戦士であるなら、左右を逆にする。

20 薬を碾く仙人

ルゥシー・ボド・ヤー

❖チャイヤー拳法のその後

「一撃で敵を殺すことを可能にする七つの秘技がある」

と、チャイヤー拳法の兄弟子パヤオはいった。

「七つの秘技とは……？」

わたしは、それとなくトーンラウ・ヤールライ師にたずねた。

「きみが十年もここに通えば、一つ二つ教えぬでもない」

「そこをなんとか……ヒントだけでも」

「ワット・ポーを訪ねてみよ」

とだけ、師はこたえた――。

一九七九年の一ヵ月というわずかな期間、チャイヤー道場に通った。それから二十数年が、あっという間にすぎた。

その間、タイに行くことはあっても、ふたたび道場におもむく機会はついに逸してしまった。ついに、というのは、一九九六年にトーンラウ師が逝去されたからである。彼は、古武術としての〝ムエチャイヤー〟および

「古式ムエタイ（ムエボーラン）」という概念をつくりあげることに生涯を捧げられたかたであった。

先代ケット・シーヤーパイ師（一九〇二〜一九七八年）は、ムエチャイヤーを完成させた人物ではあるが、ムエ馬鹿一代という感じで、「古式」も「今式」も区別していなかった。生前はチュアチャイヤー・ジムを経営し、弟子を現代ムエタイのルールのもと、腰を落したチャイヤー・スタイルで闘わせていた。

現代ムエタイのバイブルとよばれ、世界中で読まれている*Muay Thai*という分厚い本（ASIA BOOKS刊、日本では未訳）も、ケット師の晩年の弟子パニャ・クレイトゥスが、師の教えをまとめたものだ。この本には、古い時代の風習についてはいろいろと記されているが、投げや関節技などカッチューア・スタイルに特有の技術については まったく触れられていない。しかし、ケット師が投げ技に長じ、年老いた彼が若い挑戦者をことごとくこれで退けたことはすでに述べたとおりだ。

古式のスタイルは地域によって特徴があって、ほかにも中央部のムエパーックランやムエロッブリー、東北部のムエコーラートなどがある。しかし、今日まできちんと継承されている、というか残ったのは、ムエチャイヤーだけだ。ほかは現代ムエタイに発展解消していった。もっとも、東北の選手はキックが得意、中央の選手はパンチにひいでている、などといった古式の特徴を残してはいるが。

とうぜん、肘と膝の技術を重視するチャイヤー式の興った南部の選手にとっては、人体のなかでもっとも硬いこの部位が主武器となる。とはいえ、トーンラウ師の古式へのこだわりがなければ、ムエチャイヤーもすでに失伝していたにちがいない。

チャイヤー拳法のその後についても、ざっと触れておくべきだろう。

わたしがチャイヤー道場に学んでいたころ、弟子は数人しかいなく、伝統の途絶は時間の問題かと思われた。しかし皮肉なことに、トーンラウ師のお亡くなりになった一九九〇年代なかばごろから、チャイヤー拳法が、

——スポーツではない本物の武術

として脚光を浴びることになる。現在、トーンラウ師に学んだ者たちがいくつかの道場を立ち上げ、タイ内外の武術愛好家で賑わっている。

タイ人のムエタイ最強信仰が揺らいだ——それが古式復活の理由だ。

衛星テレビが普及し、海外の格闘スポーツも容易に観戦できるようになった。

K-1のような、肘の禁じられたファイトで自国の選手が負けても、タイ人はあまり気にしない。肘なしでは、四輪車が二輪走行を強いられるようなものだ。タイ戦士の戦力は大幅に削減されることになる。したがって、ムエタイが負けたことにはならぬ。

ところが柔術系の選手に遅れを取ったとなると、話はちがってくる。ムエタイ戦士は、テイクダウンされると、あるいは関節を極められると、なす術がないではないか！

そういうわけで、「なんでもあり」のシャム時代の拳法が脚光を浴びるようになったのだ。

映画俳優トニー・ジャーのアクションもチャイヤーを主体にしたものであるが、『マッハ!!!!!!!!』はその潮流に乗った作品で、この映画のヒットが古式人気にさらなる拍車をかけたのである。

❖なぞの仙人《ルウシー》たち

さて、ワット・ポー。

トーンラウ師が「七つの秘技を知りたければ、訪ねてみよ」といった寺院——パック旅行の観光客であれば必ず案内されることになるバンコク最古、かつタイ最大の仏教伽藍だ。シャムの正史にしるされるムエタイ最初の試合——西洋拳法（ムエファラン）との対決が行われた王宮寺院ワット・プラケオ（エメラルド寺院）とは、狭い道を隔てて隣接している。

が、ここに、いったいどんなヒントが隠されているというのか？

本堂では、大きな足の裏を見せて、デーンと寝そべる身長四十六メートルの金色のホトケさまが、意味ありげな薄笑いをうかべている。

境内の一角には、手足をヘンな角度に曲げたり、胴や首をねじったりと、奇妙なポーズをした石のルゥシーたちがいる（図20－1）。ルゥシーは、インドの梵語のリシ（仙人）のタイ訛りだ。伝説の、ヴェーダ聖典の作者たちである。が、インド人の信仰によると、ヴェーダは人間がつくったものではない。宇宙にはじめから存在し、宇宙が壊滅したのちも存在する神秘の詩だ。

かれらリシたちは、かようなヨーガのごとき恰好をして、天空の彼方から流れてくる不生不滅の詩の、みずからの裡《うち》に入りきたる時《とき》を待ったのだという。そうして感得した秘奥を、人間のことばに翻訳したものが、厖大なヴェーダの讃歌であるという。

また、リシたちは〝ダヌルヴェーダ〟とよばれるインド武術の、実際上の創始者でもある。ムエタイの始祖はラーマ王子とされているが、彼の武術の師もリシのヴァシシュタとヴィシュワーミトラだ。古式の技名にも、たとえば〈薬を碾く仙人〉（ルゥシー・ボド・ヤー）などとリシ（ルゥシー）にちなんだものが数多くある（図20－2）。

しかし、だからどうだというのだ。わたしも、そのような奇妙なかっこうをしてパフユッの神秘を感得せよ、という師の謎かけなのだろうか？

ルゥシー像に対面する網の壁越しに、おおぜいの老若男女が、涅槃仏《ねはんぶつ》のごとく寝そべっているのが見えた。みな、心地よさそうな半寝《はんね》の境地に遊んでいるようではないか！　その建物の入り口には、

「タイ古式マッサージ（ヌアット・ボーラン）」

の看板がかかっている。マッサージを受けている人びとだったのだ。

わたしも大枚はたいて（といっても数百円ぐらいだ）、スペシャル・コースとやらを受けてみることにした。

図20-1　ルゥシー（写本挿画の模写）

ルゥシーはインドのリシ（仙人）に由来する言葉で、ヴェーダの記述どおり鹿の皮をまとっている。しかし、シャムにも古来より山林修行の風習があり、こうした行者もルゥシーと呼ばれたようだ。彼らを開祖とする武術流派もいくつかある。

図は、「タイ式ヨーガ」として最近日本でも注目されている“ルゥシーダットン”を示したもの。ルゥシーダットンは「自己整体する仙人」ぐらいの意味で、僧侶やマッサージ師らによって伝えられてきた。「ムエタイのワイクーのごときに行うべし」と指示されるポーズもあり、逆にワイクーがある種の健康術であることがうかがえる。

なお、ルゥシーダットンのヨーガ起源についてはタイ人は否定しているが、シャムの歴史から推して、古くはなんらかの関わりがあったと見るべきだろう。

アンコール時代のタイには、ハタ・ヨーガを行う密教『ヘーヴァジュラ・タントラ』が伝えられている。

図 20-2　薬を碾く仙人 Ruesee Bod Yaa（肘の二連打）

①肘で対手の首あたりを突き上げる。

②その肘を対手に密着させたまま拳を寝かし、腰や肩を鋭く回転させることによって二撃目を発する。

この肘技は、ステップして間を埋め、敵の首に肘を突き刺し、つづけて同じ肘を顎にふるというものである。

防御するには、身をひねり、ステップバックして敵からのがれる。反撃するには、右／左膝で敵の脇を蹴る。この技はつぎのようにして会得することができる。すなわち、座り、左肘をテーブルの上に固定する。手を右側に倒すが、肘を動かしてはならぬ。それから腕を力強く直立させる。これによって、この技をよりいっそう理解できるであろう。

（『シャム拳法の八武器』より）

❖からだの秘密

ダブダブの服に着がえてベッドに寝そべる。

マッサージは左足の裏から始まる。確実にツボを押さえているものの、強すぎず弱すぎず。その微妙な加減がたまらなくよろしい。

「ここのマッサージはいつから始まったのですか？」ときくと、

「昔の王さまが、国民の健康のために、ここでマッサージや治療を受けられるようにしたのでござるよ」

と、マッサージ師のオヤジさん。指圧し揉みほぐす手は右足、ふくらはぎ、膝、腿……と、しだいに這い上がっていく。

「昔の王さまって、どなたのこと？」

「ラーマ三世さまじゃ」

「ラーマ三世って、パフユッの絵を描かせた……」

「ほう、ご存知でござったか。じゃが、ラーマ三世さまは、パフユッだけではないぞ、文化全般の保護者だったのじゃ」

十八世紀、アユタヤがビルマに征服されたとき、シャムの学術書のほとんどが焼失してしまった。そこで、シャムの王国（現チャクリー王朝）を再建したラーマ一世、王国経営を軌道にのせた二世、そしてそれにつづく三世は、文化の復興をめざした。そして、わずかに残った学術文献のすべてを石板に彫りこんで、この寺院に奉献し、誰もが読めるようにしたのである（図20-3）。

「医学の書、天文学の書、本草学の書、歴史の書、武術の書……」

オヤジさんは、わたしの両脚の付け根の血管を親指と人さし指で強く押したまま、いった。

「武術！」

図 20-3　タイ伝統医学の脈管図

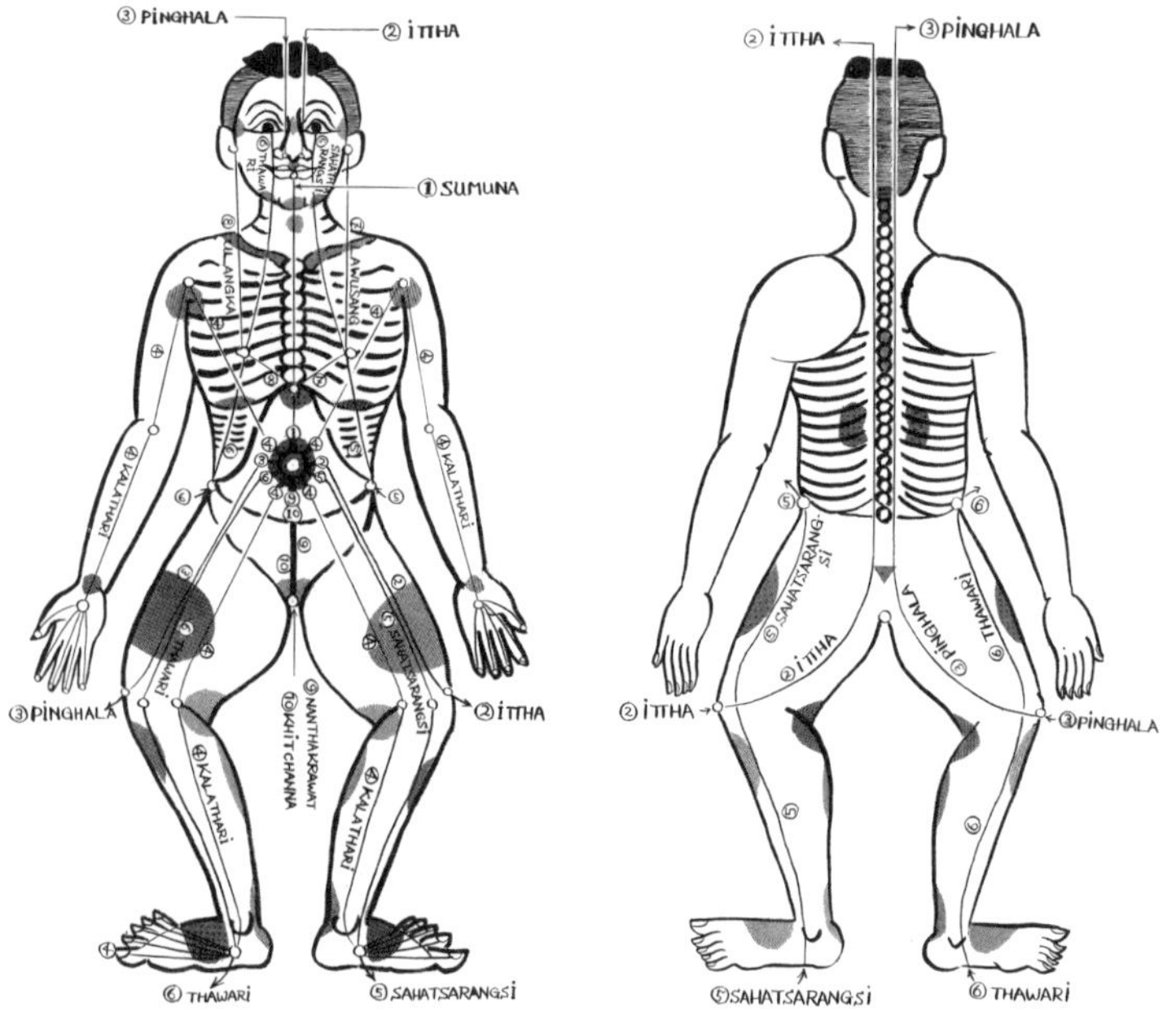

ワット・ポーの建物のあちこちに、学術を扱ったであろう碑文が多く残されていたが、わたしのタイ語能力では、とうてい読みこなすことはできなかった。唯一察しがついたのが、人体の脈管をイラスト入りで説明した一連の石板（パネル）である。
全 60 枚のパネルがあるが、図はその要諦で、体に無数にある脈管（タイでは“セン”という）のうち、最重要なもの 10 本を選びだしたものだ。センは臍のチャクラを起点に全身に広がるエネルギー・ネットワークで、ハタ・ヨーガでいう主要脈管と重なる。
センの名称も、ヨーガ用語で解釈されうる。たとえば、セン①の“sumuna”は梵語のスシュムナーの、②の“ittha”はイダーの、③の“pinghala”はピンガラーのタイ訛りである。タイ・マッサージでは、この 10 脈管に沿って刺激を与える。
つまり、タイ・マッサージはインドの影響を受けている、ということだ。アーユルヴェーダは、武術とセットになって、カンボジアのアンコール王国からアユタヤに導入された（➡第 5 章参照）。なお、図のアミ部分はシャム武術における急所をしめす。

「さよう。しかし王さまは、医学の復興にとりわけ力をそそいだのでござるよ。そのために、タイ全国から医療にたずさわる者――そのなかには僧侶（プラー）もいれば、呪術師（モーピー）や武術家、ルゥシーもいた――をこの寺に招き、医学のいわば結集《けつじゅう》（会議）を開催したわけじゃ。そうして、医学やヌアボーランの理論、やりかたを再構築したんじゃ」

ヌアット・ボーラン（古式マッサージ）が、ヌアボーランと聞こえる。

「武術家も参加したのですか、医学会議に？　そしてルゥシーも！」

彼のいうルゥシーはニュアンスからして、ヴェーダのリシではなく、シャム人の野で修行する行者をさすようである。

「ふむ、対手《あいて》のからだをいかに有効に攻撃し、おのれのからだをいかに有効に護るか――それが武術のはじまりじゃ。そのためには、人体の構造、機能の研究が必要となってくる。からだの秘密を、ある意味で、医者以上に知っているのが武術家といってもよい。また、山や森に入って修行するルゥシーは、虎や鰐や大蛇とも闘わなければならん。怪我や病気も自分で治さにゃならん。それが、彼らをからだの知識の専門家にしたのじゃ」

そういってオヤジさんは、脚の付け根の動脈を抑えていた指を、パッと離す。

その瞬間、わたしのからだはカーッと燃えあがった。

（わ、すげえ）

堰《せき》とめられていた血液が、突如、循環を回復した結果だ。

オヤジさんは、手も足と同様にマッサージし、さらにプロレスラーと化してわたしのからだに関節技やら逆エビ固めをかけながら（これはヨーガのポーズを無理矢理とらせているのだともいう）、

「ヌアボーランも、ルゥシーの体操（ダットン）や武術家が弟子にほどこすマッサージが基本になっておる、と聞いてござる」

「！」

関節がたてるバキバキという音を聞きながら、わたしの裡で閃《ひらめ》くものがあった。

が、けっきょくは、それがなにであるかは捕えることができなかった。オヤジさんの次の施療に、身も心もとろけてしまったからである。

布に薬草を包んで蒸したものを全身に擦りこまれた。

（アチ、アチチ〜、熱ィじゃん）

なんどもなんども蒸気に当てながら、この熱々の薬草でこすられる。しかし、熱いと思っていたのが、しだいに快感に変わってゆく。

マッサージしては、薬草の熱々をこすられ、わたしの全身はほぐされる。とくに、歩きすぎて筋肉痛になっている大腿や、臍のあたりを熱い薬草でピタピタと押さえつけてもらったときは、涅槃の境地にいた……。

❖ムエタイの〝いやし〟

この古式ムエタイを訪ねる物語もそろそろ終《しま》いだ。

しかし、本章に関連して、つけくわえておくことがある。

ろくな身体ケアもせずに、スパーリングしたり、サンドバッグを撃ったりするようなトレーニングを長くやっていると、かならず後遺症が出るということだ。

わたしもプロのもの書きになり、そういう稽古と縁遠くなってからのことだが、後遺症に悩まされた。

腕がしびれて、手がぶるぶる震える。

さらに、座骨神経痛。とくに左足のアキレス腱の上あたりに、重く鈍い痛みが疾《はし》る。

症状から病因は察せられた。発勁《はっけい》とまわし蹴りの稽古のやりすぎ、だ。

発勁といっても、わたしのはインド式だ。要は下っ腹にたくわえたプラーナ（気のごときもの）を、拳や掌から一気に放出するテクニックである。このとき、プラーナのかたまりが腕の脈管（ナーディー）を通りぬけてゆく様子をありありとイメージする。秘訣のひとつだが、このとき使うのと同じ脈管がしびれるようになったのだから、疑いようがない。

また、タイ式のまわし蹴りでは、脛《すね》の下の部分で撃つ。わたしは、部屋にスタンディングバッグを置いて、まわし蹴りの基礎である左ミドルの稽古に励んだ。のちにそのヒットポイントの、ちょうど真裏の部分が痛むようになったのだ。

かような後遺症にくわえて、闘技の稽古にケガはつきものである。ために由緒ある古武術は、日本でも、中国でも、インドでも、例外なく医術がセットになっている。セルフケアもある。これまであまり述べる機会はなかったが、チャイヤー拳法でも例外ではない。

道場の敷地にはアロエほかの薬用植物がたくさん植えられていたし、トーンラウ師は伝統医学にも精通していた。ときおり、マッサージもしてくれた。技術の詳細はここでは省略するが、適切なマッサージは、稽古によって蓄積した毒素（汚染物質）と疲労物質を身体から排除してくれる。

いわば、稽古の〝烈《いさみ》〟に対する〝癒《いやし》〟であり、両者はコインの両面のように一体であらねばならない。そして、おそらく両者は、身体理解を共有している。身体のある箇所をやさしくマッサージすれば、その人を元気づけることができるが、同じ部位を強い力で攻撃すれば、深刻なダメージを与えることになる、といったぐあいに。その延長線上に一撃で敵を斃すことを可能にする七つの秘技もあるのだろう。

武術・格闘技のプラクティスが健康を害するのであれば、そのシステムじたいに問題がある。さらにいえば、〝いやし〟がペアになることによって、はじめてそのシステムは「伝統武術」にして、文化の名に値するものになろう。

この分野は、現代スポーツでは、アメリカ発の〝スポーツ医学〟が代行するようになった。現代医学にもとづくゆえ、プラーナないしは気の概念が欠落しているところに、伝統武術との差異がみられる。

対して、こんにちのムエタイは現代格闘技の範疇《はんちゅう》にふくめられるものの、古式から継承した〝いやし〟が組み込まれている。マッサージはもちろんのこと、たとえば、試合の後には下剤を服《の》んでからだを浄めたり、ワイクーが一種の気功になっていることは、すでに述べた。

ところがわたしは、〝いやし〟をおろそかにするという、一人稽古にありがちな過ちをおかし、前述の後遺症に悩まされることになってしまったのだ。そして、ワイクーやヨーガを行うことによって、それらを克服することもできたのである。

21 空飛ぶハヌマーン ハヌマーン・ヒエン

❖ムエタイは、どこから来たのか？

この一文ではじまった物語も、いよいよ完結させるときがきた。

わたしは、タイからインドに飛んだ。

有名な（といっても、当時日本ではまったく知られていなかったが）カラリパヤットとも出会った。カラリは不思議に盈《み》ちていた。たとえば、こんな――。

❖幽体離脱現象

カラリ武術家、バラクリシュナン・ナイルの左腕が、ボクシングのパンチとも空手の突きとも違う、ほわん、という感じで伸びてくる。

まるで、宙に鎌首を騰《おど》らせる太い蛇《くちなわ》のようだ。その蛇がわたしの頭に咬みついた。

頭蓋のなかがフラッシュを焚いたように、ホワイトアウトする。椰子の木がひっくり返る……いや、わたしのほうがひっくり返ったのだ。そして、わたしは、地に臥《ふ》すわたしじしんを見下ろしていた。いわゆる「幽体離脱」である。

側頭部にパンチを食らってダウンしたボクサーが、気がついたら、自分で自分を見下ろしていた、というのもよく聞く話だ。なぜ、こうした現象が起こるかは知らぬ。が、現代の科学者は幽体離脱を「脳の幻覚」とし、――脳の側頭葉を迷路のように刻む皺《しわ》ひだのひとつを電気的に刺激してやれば、だれでも幽体離脱を経験するといっている。

不思議、というのは、カラリパヤットには、こうしたことを可能にする技がある、ということだ。

とまれ、わたしは宙に浮いた。

光の鱗をまとった海があった。浜辺には、ピラミッド型の塔を生やした姿の美しい石の寺がたたずんでいる。

マハーバリプラムの海岸寺院。

そう――シャムの王宮寺院ワット・プラケオは、はじめはこの寺を模して建てられたのだ。シャムの正史にしるされるムエタイ最初の試合――西洋拳法（ムエファラン）との対決は、これと同じ姿をした寺の境内で行われたのだ。

ワット・プラケオの堂内は、『ラーマキエン』の全ストーリーを描いた壁画で飾られている。ラーマを本地《ほんじ》とする神がシャムの王に垂迹《すいじゃく》した――ゆえに、シャムの歴代の王を〝ラーマ〟と称するのである。猿神ハヌマーンがそのラーマを援《たす》けて、画面の各所で騰《おど》っている。

❖跳躍するハヌマーン

「ハヌマーンの特徴は、跳躍する、ということじゃ」

と、チャイヤー拳法のトーンラウ師。

古式ムエタイのチャイヤー拳法では、まわし蹴りはあまり使わない。用いたにせよ、空ぶりすればグルリと一回転するバレリーナのような蹴りかたはしない。途中で止めて、引き

図 21-1　跳び猿 Ling Prew

この動作は、対手のパンチや蹴りからのがれるために用いられる。後ろ向きになった対手の両肩を捕り、背の真ん中に跳び膝する。

敵：踏み込んで我の顔面を左足で蹴る。

我：右足を進め、上体をかがめ、蹴り脚の下をくぐり、後ろ向きになった敵の背に跳躍。両肩を捕って、背を膝蹴りする。

敵が右足で蹴ってきた場合は、左右入れ替えて同じように反撃する。（『虎王の指南書』より）

もどす。一回転すれば、瞬時にせよ、敵に背を向けることになる。

しかし、古式には、この蹴りに磨きをかけた流派もあった。

「対手《あいて》が、一回転キックを飛ばしてきたとする。膝を屈して身をしずめ、キックの下をくぐって即座にジャンプ。ちょうど後ろを向いた敵の背中に、膝を突き刺す」

この技を〈跳び猿〉という（図21−1）。

ちなみに、技の前半、膝を屈し身をしずめて敵の攻撃をかわす動作は〈須弥山の持ち上げ〉（第11章参照）。技名はともに『ラーマキエン』に由来する。跳ねる猿も須弥山を持ち上げるのも同じ神、ハヌマーンである。

ラーマの弟が戦死した。しかし、須弥山に生える薬草を与えれば、命を呼びもどすことができる。ハヌマーンは須弥山にひとっ跳びした。が、どれが件《くだん》の薬草であるか見分けがつかない。そこで、山ごと引っこ抜き、掌に載せて運んできた、というのである。

「山を抱えて持ち上げるには、いったん身を沈めねばならぬ。そして、膝のバネを利かせて跳躍する。じゃが、コーラート者《もん》のなかには、わざと背を向けて誘いこむ使い手もいるから、油断がならぬわい」

古式の稽古は、二人一組で行う日本の組太刀に似る。最初に攻撃する打太刀《うちたち》は他流の得意技を用いることが多い。その技を受けてから反撃する仕太刀《したち》は、自流の闘いをする。グルリと一回転するまわし蹴りは、イサーン（東北タイ）のコーラート拳法に始まる。

「敵は回転しながら、しゃがみこむ。こちらの視線は高い位置にあるから、一瞬、そのすがたを見失ってしまう。こんどは、向こうが回転の遠心力を活かして、ジャンプする。これもハヌマーンじゃ、〈跳躍するハヌマーン〉という（図21－2）」

面白いことに、現在は絶えてしまった古式諸流の技が、こうして唯一残ったチャイヤーの流儀のなかに保存されていたのだ。それにしても――

師のいうとおり、猿神ハヌマーンにちなんだ技のなんと多いことか！

そして、その多くが跳び技なのだ。

❖ハヌマーンの法

「ハヌマーンの特徴は、跳ぶ、ということだ」

と、カラリパヤットの先生、バラクリシュナンがいった。

彼は、インド人とはいっても、シンガポール生まれである。シンガポールのインド人コミュニティで七歳から武術を学び、奥伝を承け、父祖の地であるインドに戻ってきたが、仕事がない。流れ者で自前の道場を所有していないので、この武術の組合（ケーララ・カラリパヤット協会）が認める正規の武術教師にもなれない。

そのため、外国人観光客のあつまる世界遺産の町マハーバリプラムにやってきて、ガイドのようなことをしな

図 21-2　跳躍するハヌマーン Hanumaan Taayaan

この動作はムエタイのもっとも高度な技である。わずかな者だけがこれを会得できるにすぎない。蹴りを空振りして一回転し、膝蹴りにつなげるのは至難の技であるからだ。

敵：我の間合に入る。
我：右足をひじょうに強く蹴る。

空振りし、そのまま一回転し、

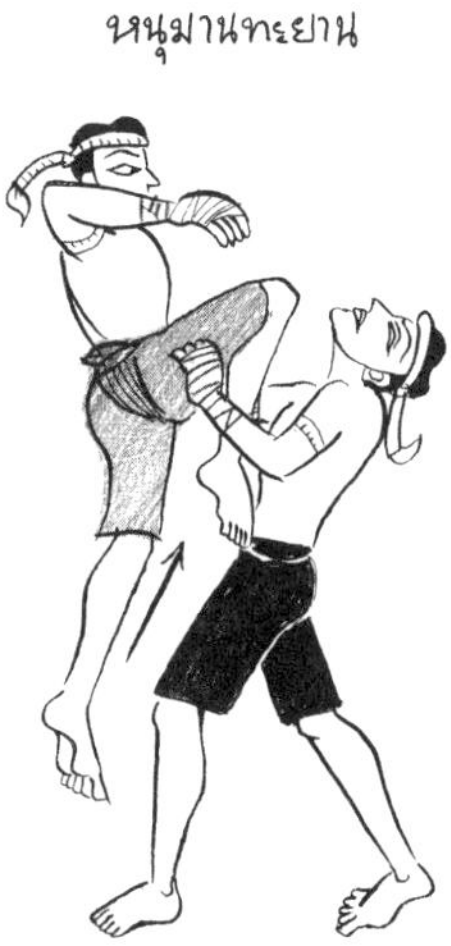

左脚を曲げて跳躍、右膝を対手の胸か顎に入れる。

左膝を放つ稽古をするときは、左右入れ替えて上記と同じように行う。

がら、糊口をしのいでいた。武術好きのわたしは、彼が伝統武術家であると知り、一日二十ドルという大枚(?)をはたいて、安宿の中庭で教えを請うことにしたのだ。

カラリの徒手には、ビーマ、バリ、ハヌマーンの三法がある、と彼はいう。いずれも、神話の神や英雄の戦いぶりにもとづいている。

ビーマの法(ヴァリ)は、肉体的な力強さに重んじた、いわばレスリングである。

バリの法では、対手の力を利用して投げたり崩したりと、柔術のように闘う。

そして、スピードと機敏さを強調し、跳躍をひとつの特徴とする拳法が、

「ハヌマーンの法である」

と、バラクリシュナン。これも摩訶不思議であった。

というのは、カラリパヤットには、重力を削減して浮力を得る(!)ためのエクササイズが伝えられているというのだ。


「ハー・ヌー・マー・ナー、ハー・ヌー・マー・ナー」

と、彼は真言(マントラ)を唱えながら、背骨の軸をかたむけ、腰椎から上をグルグルと回しはじめた。腰を支点に頭が大きな弧を描いて回転する。ブ〜〜ンとプロペラみたいな風圧を発するぐらいに勢いをつけると、

「ハヌマーン!」

一声し、わたしの頭を越え、たかだかと宙に舞い上がった。


はるかな昔、ここマハーバリプラムは、海のシルクロードに君臨したパッラヴァ王国の母港であった。まっすぐ東に航海すれば、対岸はマレー半島である。港には、東南アジアの宝——インドでは採れない沈香《じんこう》や丁字《ちょうじ》(ク

ローブ）、肉荳蔲《にくずく》（ナツメグ）など香料、宝石、木材を満載して戻ってきた船、マラッカ海峡を越えてジャワやカンボジアに向かう交易船が、舷々相摩《げんげんあいま》していた。

マハーバリプラムはまた、文化の輸出港でもあった。仏教やヒンドゥー教もこの港から出ていったし、ボロブドゥール、アンコール・ワットといった東洋が誇る壮麗な石造寺院も、その建築技術が輸出されたのはここからであった。

ラーマとハヌマーンと、それを演じる人たちもこの港を出発《たびだ》っていった（図21－3A、3B）。

『ラーマーヤナ』を受けた国々では、かならずやこの物語は武術と結びつき、天空を翔るなど超自然的な戦闘能力を発揮するハヌマーンは、ときに主人公をしのぐ人気を得、また武人の鑑《かがみ》とされた。

❖では、ムエタイはインドから来たのか？

こんな答えはどうだろう。

わが国の相撲や剣術や柔術は、たとえそのルーツの一端が大陸に認められたにせよ、わが国の文化のなかで磨かれ完成された、日本固有の武術。ならば、タイも同様である、と。

インドの影響は、たしかに大きい。隣国のカンボジアやビルマ、さらに漢族の戦闘術とも干渉しあったことだろう。しかし、それらを取捨選択し、タイの風土と精神文化に適したものにと育てあげたのは、ほかならぬタイ人じしんである。そして、ここ二百年ほど、西洋列強の植民地化をまぬがれたタイ人は、まわりの国の者たちに比べ、かれらの武術の特定のスタイルを発展させることに渾身の力をそそぎこむことができた。それがこんにち、ムエタイがとてもポピュラーになっている理由である。

ムエタイは、タイ人のアイデンティティから生まれたのだ。

図 21-3　ラーマやハヌマーンを演じる人びと

A　影絵芝居

影絵芝居（ナン）のハヌマーン（タイ）

『ラーマーヤナ』を受け入れた国々では、いずこもこの物語と芸能がセットになって伝えられているが、東南アジア諸国がインドから学んだ最初の芸能は影絵芝居であった。

そして、どこの国でも影絵芝居が伝統武術と結びついている。白い幕に映じられる影絵の動きを美しく見せるコツは、じつは人形遣いの足の運びや手の振りなどの身体操作にある。

人形遣いが舞ってこそ、影絵も舞うのだ。芝居の見せ所の戦闘シーンになると、ほとんど演武をしているような動作になる。そのため、人形遣いは、ふるくは武術を学んでいたらしい。

この影絵芝居と武術との連繫は、当初のインドにおいても見られた現象であったかもしれないし、また影絵芝居が東南アジアにインド武術を広める媒体としての役を担ったとも考えられる。

B　仮面劇

コーン（タイ仮面劇）のハヌマーンコーン（左）

ワヤン・ウオン（バリ仮面劇）のハヌマーン（右）

人形遣いの身体動作がひじょうに洗練されていたことから、幕前のダンスが成立し、舞踊や仮面劇となって、それぞれに独立していった。影絵にはじまるこうした芸能の発展の歴史を、カンボジアも、タイも、イスラム化したインドネシアも共有しているのだ。

とりわけ、タイの仮面劇コーンは『ラーマキエン』をもっぱらとし、その身体表現はクラビー・クラボーンから採られた。古式ムエタイとは姉妹関係にあるのだ。武術から芸能へ、芸能からまた武術へ……と両者が相互補完の関係にあるのも、アジアの身体文化の特徴である。

それでは、タイと同じようにインドの影響を受けた独自の武術を発展させながら、西洋に屈し、それを奪われてしまったビルマやインドネシアの場合はどうであろう。

両国の伝統武術には、興味深い共通項がある。ともに、第二次大戦中、日本軍によって復興の足がかりを与えられた、ということだ。

ビルマはイギリスに、インドネシアはオランダに長年支配された。植民地政府は徹底して武術を弾圧した。伝統武術は民族のアイデンティティと深く関わり、反乱の火種《ひだね》にもなりかねないので、支配者としては当然の政策といえる。

ところが、これらの地に軍を進め、一時的に占領した日本軍は逆に武術を奨励した。もちろん「日本軍を白人からの解放者として迎える友好的な現地人に」という但し書きがつくが。

日本にも思惑《おもわく》はあった。現地の民兵を鍛えて、〝大東亜共栄圏〟の枠組のなかで、〝鬼畜米英〟に対抗しようという腹づもりだ。とはいえ、日本の武術家と、それまで人目につかぬ深夜にこっそりと稽古をつづけてきた現地の隠れ武術家の心あたたまる交流の物語が数多く残っている。

ビルマでは、日本軍が主体となり現地の青年を集めてつくった東亜青年連盟がタイン（ビルマ語で徒手戦闘術、ラウェイはその一部）の練習会を立ち上げ、数多くのビルマ人がこれに参加した。柔道や空手の心得のある日本人が、タインの試合に出場することもあった。

この試みは、伝統武術の復興、そして徒手術についての知識と人気の急速な普及に結びついた。

ジャワでは、日本軍は、プンチャク（ジャワ語で武術）の修得を容易にするために、諸流の統一を画策した。プンチャク諸流のマスターはジャカルタに集められ、さまざまな技術を一体系に統合する責務を負わされたのである。そうして完成した十二のジュルス（型のごときもの）から成る訓練システムは、〝Pentjak〟（プンチャク）と題された四十頁の教本にまとめられた。この小冊子は、インドネシアで初めて出版された武術マニュアルとして、重要である。

日本軍は、ジャカルタに集めたマスターたちに、統一プンチャクをインドネシアの全域に流布するよう要請した。しかし、その普及は、日本軍が考えたほど容易でなかった。各流派にとって、先祖から連綿と伝えられてきたジュルスは神聖なものである。日本人によってつくられた簡潔な訓練体系は受け入れ難いものであったのだ。

しかし、一九四五年の日本の敗戦によって、この情況は一変する。オランダがふたたびインドネシア支配に乗り出してきたからだ。このときにこそ、日本軍の置き土産が役に立った。簡潔なシステムで短期間に鍛え上げられた独立軍兵士は、オランダ軍と果敢に戦い、一九四九年、ついにオランダに侵略を断念させることに成功した。

また、この独立戦争中に、プンチャクはマレー語で同義のシラットと結びついて、〝プンチャクシラット〟という言葉も生まれた。そして以後、プンチャクシラットはインドネシア人のアイデンティティを支える大きな拠り所となった。

プンチャクシラットにはいまなお多くの流派があるが、ほとんどの流派は日本のシステムに敬意を払ってか、ジュルスの数を十二に定めている。

「ハヌマーンが須弥山を運ぶとき、その一部が海にこぼれて落ちてきた」とされるヒンドゥー教の島バリにも、〝バクティヌガラ〟という独自の拳法がある。

バリは古来武術のさかんな尚武の島であったが、一九〇八年オランダに完全支配される。オランダは、例によって、武術を徹底弾圧した。

半世紀後、バリはインドネシアの一員として独立するが、当時まだ幼児期に武術を行った人びとが生きていた。

かれらが集い、ジャワのプンチャクシラットを参考にして、復活させた拳法がバクティヌガラである。武術は弾圧されたが、バリスという勇猛な踊りのなかに拳法の所作が色濃く残されていたので、復元は容易だったのだ。

プンチャクシラットの一派ではあるが、バリ人のアイデンティティを支えるヒンドゥー教とバンジャール（村落共同体）にとけこんだものになっているため、イスラム教のジャワのプンチャクシラットとはかなり色合いを異にしている。すなわち、

「ヒンドゥーの教えによって、小宇宙としての自己を大宇宙と合一させる」

をモットーにし、より大きな存在であるラーマやハノマン（ハヌマーン）の霊におのれを同調させながら、稽古を行うのである。

❖ハヌマーンの正体

「ハヌマーンは、風神（ヴァーユ）の息子でござる」

とカラリパヤットの先生は、猿神の素姓をあかした。

「ヴァーユ（風）は、プラーナに同義。プラーナは、すべてのシャクティ（パワー）の基本である。すなわちハヌマーンはプラーナと直《じか》に繋がっている。ゆえに、勁《つよ》い、のだ。人も、自分のプラーナのパワーを増やすことによってのみ、心のパワーも体のパワーも増やすことができる」

カラリの不思議も、すべてプラーナの為せるわざ。プラーナの制御が、カラリ修行のすべてといってもよい。

まず、すーっ、と息を吸って、気息（プラーナ）をナービムーラ（臍下）に押しこんで蓄える。それによってのみ、内にあるシャクティを外の器官や手足を通して広げることができる。

跳躍力を身につけるときは、腰から上をプロペラのように回し、臍と心臓の中間あたりに、プラーナを遷してゆく。すると、浮力が生じるのだ。

不思議といえば、幽体離脱したわたしはどうなったか？

「幽体離脱したわたし」は、「失神したわたし」の右手を取るバラクリシュナンを見ていた。

彼は自分の左の親指でわたしの親指と人さし指の付け根の中間を圧し、右掌でわたしの左側頭部を、ぱん、と張る。と、わたしの意識《こころ》は、ちょうど水が渦を巻いて排水管に吸い込まれるように、ぐるぐる回転しながら「わたしの肉体《からだ》」に戻っていく――。

わたしの目は、わたしの目を覗きこみ、意識が戻ったことに安堵するバラクリシュナンを見つめていた。

「オレは、いったいどうしてしまったんだろう？」

自分に起きたことを話すと、

「マルマだ」とバラクリシュナン。

「マルマ？」

「特殊な急所のことだ。からだ中にはり巡らされたプラーナの管《くだ》がいくつも交わるところがマルマだ。カラリではそこを狙う」

といって自分の側頭部――こめかみの上の髪の生えぎわを指し、

「〝ウトクシェーパ〟というマルマだ。梵語サンスクリットで『上に挙げる（リフト・アップ）』の意で、開いた口を閉じさせる――つまり顎を上にひき揚げる側頭筋の起点にあたり、プラーナの管が集中している。しかし、このマルマが上げるのは、顎だけではない。ここをスマッシュされると、意識が体の外にひき揚げられることがあるのだ。それより、おまえ――」

と、バラクリシュナンはきいた。

「小便をもらしていないか？」

プラーナの集中するマルマを刀で斬れば、タイヤがパンクするみたいに傷からプラーナが抜け、容易に敵を屠《ほふ》ることができる。その部位を拳で打ったり、足で蹴ったりすれば、死にはしなくとも、脈管を流れるプラーナが乱れ、失神したり、大きなダメージを負ったりする。

しかし、そんなマルマも、マッサージなどでやさしく刺激してやれば、怪我や病気を治すきわめて有効な手だてとなる。この場合は、戦闘のときとは逆に、怪我や病気の原因となったプラーナの不調が、マルマを通して整えられるからである。

カラリ武術家は、そうした医学にも精通しているのだ。

「マルマを撃たれて失神すると、アパーナも止まってしまうことがある」

と彼はつづけた。アパーナとは体内を流れるプラーナの一種で、排泄をつかさどるとされている。

「意識が回復するときは、アパーナもいっしょに動きだす。そのとき、小便をもらしてしまう者が多いのだ」

「……」

「重篤な昏睡から覚めた者は、大量の小便を出す。逆にいえば、そうした者には、アパーナの流通をうながすマルマを刺激して、まず小便を出してやる。それによって、意識をとりもどすことがよくある」

わたしは……

下半身に手をやった。

ちょろっ、と濡れている？　ちびった!?

いや、これは汗だっ！

潮騒が――二〇〇四年には大津波をはらんで多くの命を貪ったインド洋が、ものうげに響いている。ところで、ご存知だろうか。

津波などの波は、水が移動するのではない、ということを。

水の分子は、同じ場所でじっとしている。水が動くのではなく、水に伝わるエネルギーが移動するのだ。こうした、ときには破壊的な力となって顕われるエネルギーのことを、そして稽古の蓄積によってもたらされる神秘の力を、タイでは〝サク〟、インドネシアでは〝サクティ〟という。

かつて、インドの〝シャクティ〟を一身に具現化した神が、インド洋の空を翔《かけ》ていった。

参考文献

木村修「ムエタイの強さに関する考察」（『格闘王❻ムエタイの本』福昌堂、一九九六年）
對木佳史『インドネシア拳法シラット　シンランバ派［基礎編］』（壮神社、一九九三年）
望月昇『最強格闘技ザ・ムエタイ――神秘の格闘技を分析する』（愛隆堂、一九八九年）
「フルコンタクトKARATE」№107（福昌堂、一九九六年）

Chakravarti Balaram. *DHANURVEDA: A Veda relating to the Art / Science of Archery*, ATARN, 2001.

Kraitus, Panyā & Dr. Pitiisuk Kraitus, *Muay Thai : The Most Distinguished Art of Fighting*, ASIA BOOKS, 1988.

Maryono, O'ong "The Militarisation of Pencak Silat during the Japanese Occupation and the Era of Revolution", *Rapid journal*, 6(3), 2002, p. 36-38.

Sodprasert, Vallabhis, Muay Thai-Style Throw, Ohara Publications, 1996.

Zarrilli, Phillip B. *Actualizing Power(s) and Crafting a Self in Kalarippayattu: A South Indian Martial Art and the Yoga & Ayuvedic Paradigms*, Oxford University Press, 1998.

Zarrilli, Phillip B. *To Heal and/or To Harm: The Vital Spots (Marmmam/Varmam) in Two South Indian Martial Traditions*, University of Wisconsin-Madison, 1992.

Zarrilli, Phillip B. "Traditional Kerala Massage Therapies", *Journal of Asian Martial Arts* 4 (1),1995, p.67-78.

参考映像

「アジア未知の武術」（BABジャパン、一九九一年）
「ムエ・カッチューア part1&2」（ＳＤプロダクション、一九九一年）
「MYANMA LE WEY part1&2」（ＳＤプロダクション、一九九一年）
「MUAY THAI」（FOTO HOUSE CAMERA & VIDEO CO.LTD., 1987.

あとがき

本書は、月刊『秘伝』(BABジャパン)の二〇〇五年五月号から二〇〇七年一月号にかけて、二十一回にわたって連載した「備忘録! アジアン伝統古武術 古式ムエタイ探訪」に加筆修正を行い、一冊にまとめたものです。新泉社の編集者、伊藤嘉孝氏のご尽力を得て、出版に漕ぎつけました。

出版にあたって、まずやることは、埃をかぶっていた——という表現はもう通用しないか——PCのなかで眠っていた二十年近く前の原稿を読み返す……。今となっては懐かしい映画や選手や芸能人の名前がいくつも出てきますし、第15章に書いたような「恐竜」に対する認識も現在の恐竜研究から見れば古いものになってしまいましたが、それらは連載当時のまま残すことにしました。

時代の推移をひしひしと感じます。

私が初めてインドを中心とするアジアを旅したのは、二十代前半の、一九七九〜一九八一年の約二年間。もう半世紀近くも前のことです。インターネットも、スマホも、『地球の歩きかた』もなかった時代。いま思えばたいへんだった。でも、濃密な体験の連続で、ほんとうに楽しかった。

当時、アジアの旅は、新宿や原宿の旅行代理店で、タイのバンコクまでの片道チケットを探すことから始まりました。世界中どこに行くにも、バンコクでチケットを買うと一番安くあがるからです。

バンコク駅前とルンピニー・ムエタイ・スタジアム近くのストリートに安チケットを商う代理店が並んでいます。忘れもしません。TOKYO→BANKOKが六万五千円、BANKOK→BOMBAYが百ドルでした。ちなみに一九七九年当時の百ドルは二万三千九百円でしたから、航空券は今のほうが安いかな。

安宿は、高いところで三百円程度。トイレ・シャワーは共同。四〜六畳ほどの部屋に木のベッドが置かれていて、ひどいところではナンキン虫に悩まされます。しかし、安宿には貧乏旅行者が集まる。先述したようにネットも詳しい旅行ガイドもないから、情報交換が欠かせないのです。「ムエタイを体験できる宿」のことは、こうした安宿において偶然知りました。

そうして、当時はほとんど誰も知らない「むかしのムエタイ」と、これまた偶然出くわすことになるのです。パフユッ（シャム拳法）で戦った最後の世代が、かろうじて生きながらえていた時代です。私は古式ムエタイの記録者になることに、ぎりぎりセーフで間に合ったのです。運がよかったのでしょう。

しかし、当時の私には、そんな自覚はまったくありません。そもそも旅の目的地はインドだったし、タイには飛行機のチケットを買うために寄っただけ。古くさい格闘技の先生が「毎日来い」というから、タイに滞在するあいだの時間つぶしとして道場に通ったままでのことです。

「偶然の重なりがもたらす人の縁《えにし》に流される」ことを楽しんでいる、という感じでした。が、やがて、古式ムエタイにどんどんハマっていく自分に気づかされます。

さて、本文中の「わたし」はタイ語で流暢《りゅうちょう》に会話しているような印象を与えてしまいますが、じつはたどたどしい英語でのやりとりであったことを告白しなければなりません。

タイ語は、まったく珍紛漢紛《ちんぷんかんぷん》の言語でした。まるで音符のようなタイ文字も、わかるはずがありません。しかし、技の名前や重要なことはタイ語でノートに書いてもらいました。

そして、帰国してからタイの文字や言葉をまなび、タイの歴史書や、英語でしるされたムエタイやクラビー・クラボーンの参考文献と照らし合わせながら、ゆっくりゆっくり時間をかけて暗号を解読していきました。謎であったことに、すこしずつ光が射してゆく。これもまた楽しい作業でした。ですから、ムエタイやその歴史に対する「わたし」の知見の多くも、のちに構築したものであって、旅行中のライブのものとはいえません。

それでも、アジアの芸術・芸能の源泉である古代インド叙事詩『ラーマーヤナ』と渾然一体となった格調高き古式ムエタイの世界を、読みものとしてでも楽しんでいただければ幸いです。

二〇二四年一月

伊藤　武

伊藤武（いとう・たけし）

1957年、石川県出身。作家、イラストレーター。サンスクリット語とヨーガの講師、古式ムエタイをはじめとした東南アジア伝統武術の研究を行う。1979年、最初のインド旅行に出発。約2年間にわたってインド全土、ネパール、スリランカ、タイを放浪する。以後もこれらの地域を繰り返し訪問し、遺跡調査、神話・伝説、風習、武術、食文化等の収集に努める。インド研究家として周辺地域の歴史や文化にも造詣が深い。全国でオリジナルテキストを用いたサンスクリット語講座等を開催。サンスクリット語の原文から翻訳されたヨーガスートラは難しい用語を使わずに説明され人気を博している。また、自身によるイラストは難解なインド哲学を理解する手助けになると定評がある。
著書に『図説ヨーガ大全』(佼成出版社)、『スパイスの冒険』『秘伝マルマツボ刺激ヨーガ』『全アジアを喰らう』『身体にやさしいインド』『図説インド神秘事典』(以上、講談社)、『ヴェールを脱いだインド武術』『図説ヨーガ・スートラ』『チャラカの食卓　二千年前のインド料理』〔共著〕(以上、出帆新社) など多数。

古式《こしき》ムエタイ見聞録《けんぶんろく》

2024年4月8日初版第1刷発行

著者———伊藤 武

発行所———新泉社

〒113-0034　東京都文京区湯島1-2-5　聖堂前ビル
TEL.03-5296-9620　FAX.03-5296-9621

造本装丁——山田英春

本文組版——佐藤睦美

印刷・製本所—萩原印刷

ISBN 978-4-7877-2323-9　C0075